Nur ein paar Stündchen

Nix wie raus, ganz schnell ins Grüne.
Auch mit wenig Zeit lässt sich Großartiges
erleben. Kleine und große Abenteuer
warten direkt vor der Haustür.

4 H

Raus für einen Tag

Man muss nicht das Land verlassen, um
neue Welten zu entdecken. Einfach mal
einen Tag lang raus aus dem Alltagsallerlei
und rein in die Natur.

12 H

Ferien für ein Wochenende

Warum auf die große Auszeit warten, wenn
man einen Wochenendtrip in der Nähe
machen kann? Vergnügen, Abenteuer und
Wohlgefühl kompakt und intensiv.

36 H

LIEBE LESERIN,
LIEBER LESER.

die Gletscher der letzten Eiszeit haben die paradiesische Landschaft des Mecklenburgischen Seenlandes mit Leichtigkeit geformt. Sie schoben Hügel auf und schliffen sie rund, als folgten sie einem perfekt durchdachten Landschaftsplan. Als es wärmer wurde, hinterließen sie glasklare Seen und Flüsse, die sich in malerischen Durchbruchstälern durch die Endmoränen gruben. In ihrem Wasser baden und paddeln wir heute. In der dünn besiedelten Region findet man unberührte Wälder und eine reiche Tier- und Pflanzenwelt. Menschen haben diese Landschaft mit prächtigen Alleen und unzähligen Schlössern und Gärten noch ein wenig verziert. Es gibt viel zu entdecken – auf geht's!

Viele wunderbare Eskapaden auf und um die Mecklenburgischen Seen wünscht Ihnen, dir und euch

Gloria Pollux

PS: Informationen zum GPX-Download gibt's auf Seite 224.

AUSZEIT. ABENTEUER.
LEBENSFREUDE.

1. KAPITEL
ABSTECHER

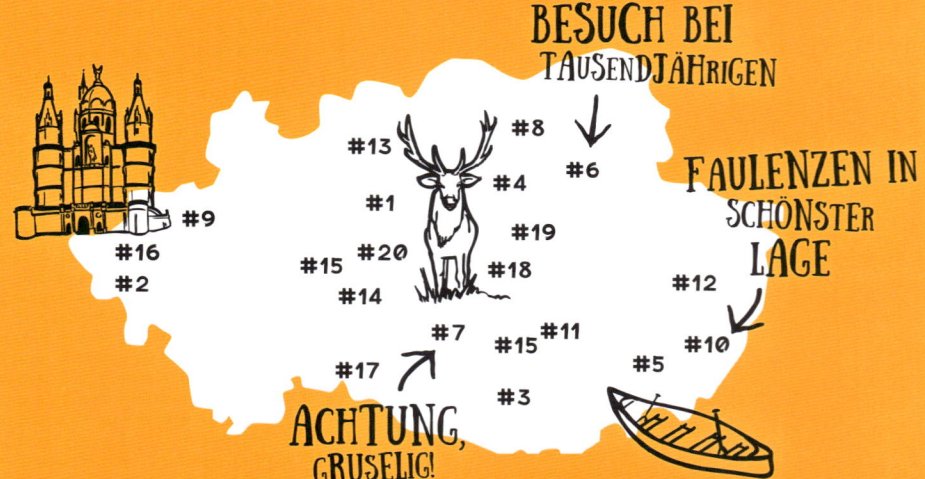

BESUCH BEI TAUSENDJÄHRIGEN

FAULENZEN IN SCHÖNSTER LAGE

ACHTUNG, GRUSELIG!

#13 #8 #6 #4 #1 #19 #20 #18 #15 #14 #9 #16 #2 #7 #17 #15 #11 #12 #10 #5 #3

Nur ein paar Stündchen

Von einem alten Burgfried ins Land schauen, den Müritz-Nationalpark erkunden oder leckere Blaubeeren sammeln – auf kurzen Abstechern eröffnen sich neue Perspektiven auf das Seenland.

4H

ALLES FLIEßT

... Wandern im Nebel-Durchbruchstal

#1

Durchbruchstäler gibt es so einige in Mecklenburg-Vorpommern. Überall dort, wo ein eiszeitlicher Gletscher eine Endmoräne in die Landschaft schob und dann abschmolz, gruben sich die Flüsse irgendwie durch die Sedimenthügel. Im Falle der Nebel entstand ein besonders wildromantisches Flusstal.

Die alte Eiche schmückte einst den Schlosspark von Kuchelmiß. Heute spendet sie rastenden Wanderern Schatten. Picknick auspacken!

tem und regt den Stoffwechsel an. Marschiert wird im Storchenschritt, bis ein Kältegefühl eintritt. Etwas später am Wegesrand trifft man tatsächlich eine extra angelegte Kneipp-Strecke. Aber das Fußbad im wilden Fluss mit den rot, grün und gelb in der Sonne funkelnden Steinen ist viel schöner.

Der Weg führt jetzt um zwei Teiche herum, danach trifft er wieder auf die Nebel. Unter einer stattlichen Eiche lädt ein herrlicher Picknickplatz zur gemütlichen Rast. Die Lichtung ist übrigens Teil eines ehemaligen Schlossparks. Vom Schloss selbst zeugen nur noch einige Skulpturenüberbleibsel. Der Rest ist nach dem Zweiten Weltkrieg als Baumaterial verwendet worden.

Im Dorf Serrahn oder am Wanderparkplatz Galgenberg beginnt die Wanderung. Schon nach wenigen Minuten hat einen der Wald verschluckt, und die Nebel wird zur Begleiterin am Wegesrand. Sie hat auf diesem Abschnitt den Charakter eines Gebirgsbaches mit Geröllstrecken, Gesteinsbrocken, umgestürzten Bäumen und steilen Ufern. Außer dem Plätschern des Flusses und dem Gezwitscher der Vögel herrscht absolute Stille. Im Fluss haben seltene Fischarten ihr Zuhause, etwa Bachneunauge, Schmerle und Elritze.

Man mag die Schuhe ausziehen und ein Stück durch das kalte Wasser waten. Ja, warum eigentlich nicht? Im Grunde ist das schon die Umsetzung der berühmtesten Wasseranwendung des Pfarrers und Naturheilers Sebastian Kneipp. Wassertreten stärkt das Immunsys-

Frisch gestärkt, geht es weiter zur Wassermühle Kuchelmiß. Auch wenn kein richtiger Müller mehr darin mahlt, ist das alte Mühlengebäude aus dem Jahr 1751 ein beliebtes Ausflugsziel. Nach 1980 wurde es als technisches Denkmal umfassend restauriert. Eine Ausstellung zeigt, wie dort einst aus Getreidekörnern Schrot und Mehl hergestellt wurden und wie die Müllersfamilie lebte.

Der Rückweg führt nach dem Schlosspark auf der anderen, bisher unbegangenen Seite der Teiche entlang. Nach der Kneipp-Stelle sollte man die Holzbrücke überqueren und auf dem gegenüberliegenden Flussufer der Nebel zurück zum Ausgangspunkt der Tour gehen.

Zahlreiche Fischarten wie beispielsweise Aal, Äsche, Bachforelle, Barsch, Döbel, Hecht und Rotauge fühlen sich im glasklaren Wasser der Nebel wohl.

Hin & weg: Mit dem Auto zum Wanderpark-platz Galgenberg. Von der Bahnstation Langhagen bei Güstrow fährt die Buslinie 251 nach Serrahn.

Beste Zeit: Ganzjährig möglich und reizvoll.

Dauer & Strecke: 2–3 Std., 6 km.

Ausrüstung: Handtuch, Proviant.

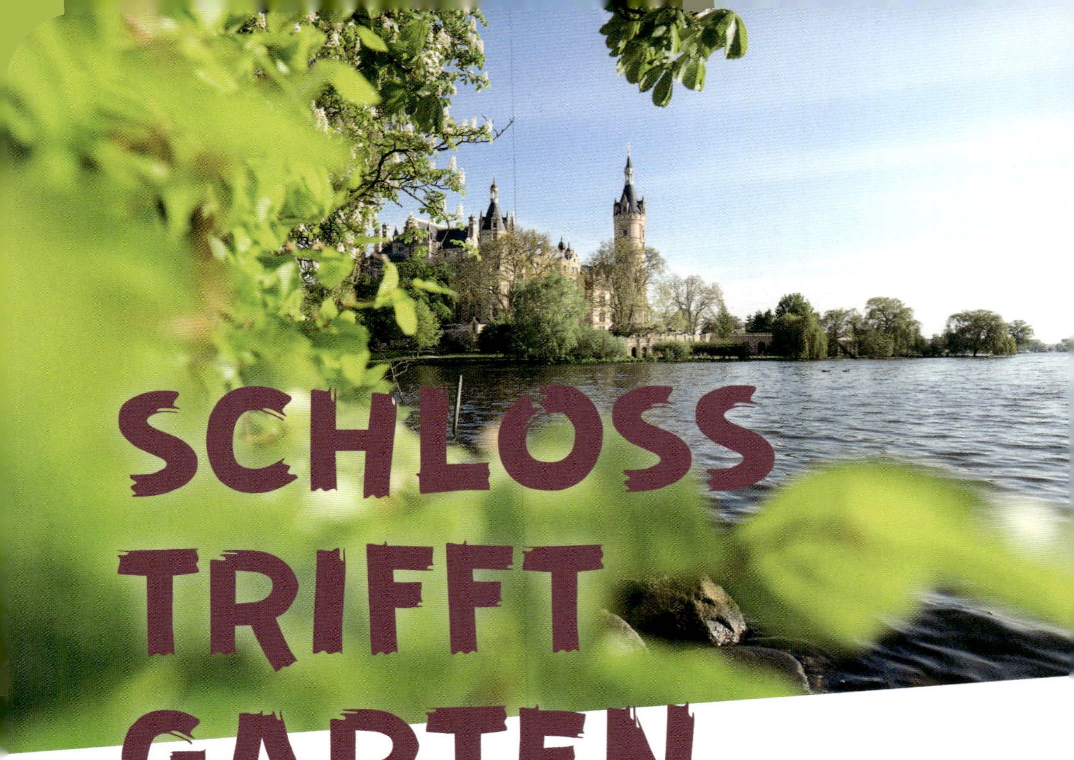

SCHLOSS TRIFFT GARTEN

… Spaziergang im Schweriner Schlossgarten

#2

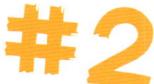

In diesem Garten wurde ganz schön dick aufgetragen: Traumschloss, Liebesinsel, Meeresgrotte, Laubengänge, Blumenrabatten, Kanäle. Aber was wäre ein Schlossgartenspaziergang ohne brutale Geheimnisse? Intrigen und abgeschlagene Köpfe gibt es natürlich auch hier.

#fürstlichabhängen #Wasserallover #ChillenaufderWiese

→ ABSTECHER ...

Der den Stier bändigende Herakles blickt von den Arkaden der Orangerie herab auf den Brunnen.

Neuschwanstein des Nordens, Dornröschen- oder Märchenschloss – Besucher und Einheimische versuchen gleichermaßen, die Pracht und Schönheit in Worte zu fassen, die sich einem eröffnet. Jahrhundertelang residierten hier die mecklenburgischen Herzöge und Großherzöge. Unter den 2 000 Herrenhäusern und Schlössern in der Region ist das Schweriner Schloss die unumstrittene Perle. Das wissen vor allem die Touristen. Zu Tau-

senden kommen sie Jahr für Jahr in die Landeshauptstadt, um dieses prachtvolle Gebäude zu bewundern. Flanieren mit Schlossblick ist angesagt. Auf angemessen bereitetem Boden beginnt unser Spaziergang auf der Schlossbrücke, die die Stadt mit dem Schlossensemble verbindet.

Irgendwie eng ist es im Burggarten – mit Liebesinsel, Meeresgrotte und Orangerie. Letz-

Abgeschlagene Köpfe, dunkle Laubengänge und ein alter Kreuzkanal: Burggarten und Schlosspark bergen viele Geheimnisse, die entdeckt werden wollen.

tere ist ihrer ursprünglichen Bestimmung, dem Schutz der Pflanzen im Winter, bis heute treu geblieben. Im Sommer kann man im Café sitzen und dem bunten Treiben zuschauen. Wer aufmerksam durch den Burggarten streift, wird das Standbild »David mit dem Haupt Goliaths« eines unbekannten Künstlers entdecken. Man fragt sich, warum diese martialische Skulptur vor dem ehemaligen Kinderzimmerfenster der herzoglichen Familie positioniert wurde.

Über die historische Drehbrücke gelangt man in den Schlossgarten. Weitläufigkeit ist angesagt. Ursprünglich als Lustgarten nach französischem Vorbild angelegt, erfuhr er ab 1748 seine prägende Gestaltung. Dabei entstand der markante Kreuzkanal, der den Garten entwässerte. Skulpturen aus der

Im Café Ruderhaus kann man sich die volle Pracht des Schweriner Schlosses genüsslich vor Augen führen und dabei die regionale Küche genießen.

Werkstatt des sächsischen Hofbildhauers Balthasar Permoser schmücken die Kanäle und ziehen sich den Hügel hinauf zur schönsten Sichtachse auf das Schloss. Denn natürlich wussten die berühmten Gartenbaumeister des 18. und 19. Jahrhunderts – der Franzose Jean Laurent Legeay und der Preuße Peter Joseph Lenné –, dass sich den Sichtachsen auf das Schloss alles andere unterzuordnen hatte.

Wer sich hier tapfer links hält – die Zentralachse des Gartens hat eine starke Sogwirkung –, gelangt in den Greenhouse-Garten mit der eindrucksvollen Skulptur der Großherzogin Alexandrine. So manch Einheimischer kennt diesen Teil des Gartens nicht. Noch abgelegener und verwunschener ist der südliche Zipfel mit dem Jugendtempel, Heckengarten und Hippodrom.

Seit der Bundesgartenschau im Jahr 2009 gibt es die »Schwimmende Wiese« mit den im Volksmund liebevoll »Toaster« genannten Ar-

kaden. Bei schönem Wetter treffen sich hier vor allem die jungen Schweriner, um in den Hügeln faul herumzuliegen, zu skaten, zu grillen oder zu feiern.

Tipp: Das Ruderhaus ist die entspannte Rastalternative zum Café im Burggarten. Auf einer großen Holzterrasse speist man hier mit einem Fünfsterneblick auf das Schloss.

FAZIT: FLANIEREN MIT SCHLOSSBLICK DURCH EINE HERRSCHAFTLICH GESTALTETE GARTENLANDSCHAFT.

Hin & weg: Parkmöglichkeiten gibt es viele, der Parkplatz am Jägerweg ist nah und günstig. Nach Schwerin gelangt man mit der Bahn und vom Bahnhof zum Schloss unkompliziert mit den öffentlichen Verkehrsmitteln. Man kann aber auch am Pfaffenteich entlang und durch die schöne Schweriner Innenstadt zum Schloss laufen (ca. 20 Min.).

Beste Zeit: Ganzjährig möglich. Besonders schön im Frühling, wenn alle Blätter zartgrün sind.

Dauer & Strecke: 2–3 Std., 4 km zu Fuß.

Ausrüstung: Picknickdecke und -korb, Kamera.

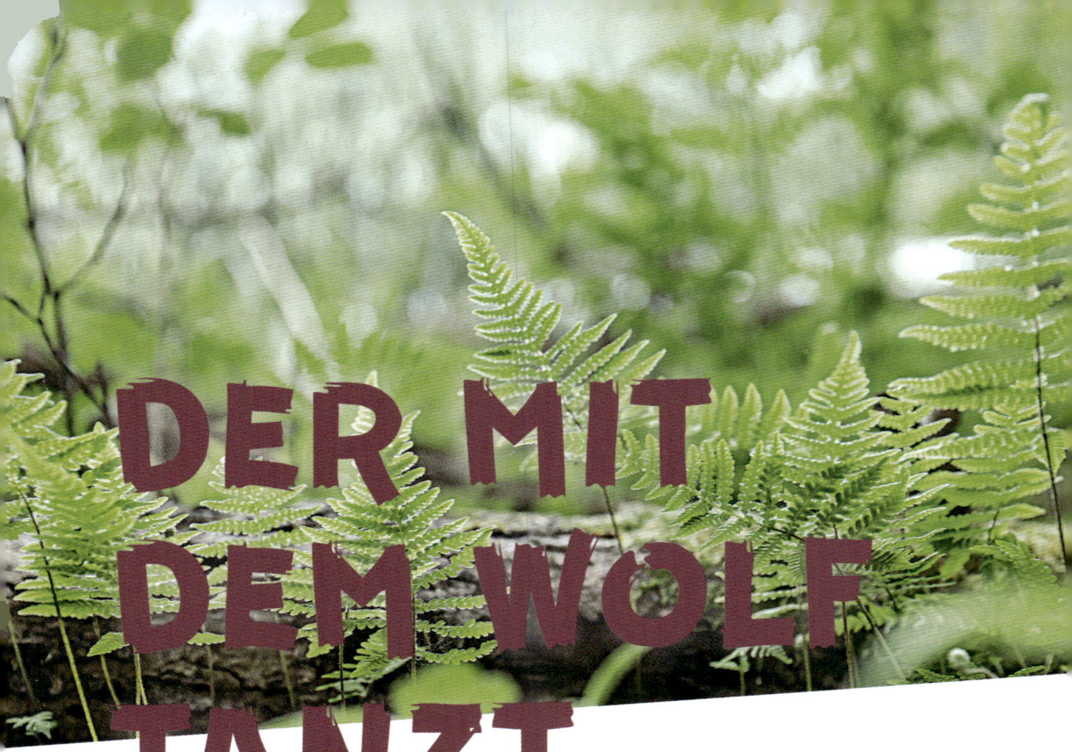

DER MIT DEM WOLF TANZT

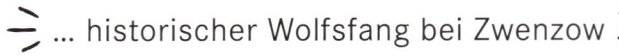

... historischer Wolfsfang bei Zwenzow

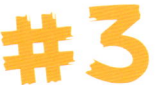

#3

Noch vor wenigen Jahren hätte man an diesem gruseligen Ort mit einem Lächeln auf den Lippen an das Märchen von Rotkäppchen und dem Wolf gedacht. Jetzt, da der Wolf wieder durch die Müritzwälder streift, verschwindet das Lächeln, und man macht sich ernsthaft Gedanken.

#philosophischerSpaziergang #Rotkäppchenpassauf #dieFalleschnapptzu

Gruselig und dunkel senkt sich der Tannenwald an dieser Stelle ab, in der Mitte der Wolfsfang.

Auf leisen Sohlen folgen wir dem schmalen Pfad zwischen den üppigen Heidelbeerbüschen durch den Wald in der Nähe des Ortes Zwenzow. Das Symbol mit dem braunen Wolf weist den Weg vom Parkplatz am Hotel Rookhus und erinnert ständig daran, auf wessen Spuren man unterwegs ist. Etwas in die Knie gehend, kann man sich direkt vorstellen, wie es wäre, ein Wolf zu sein und hier entlangzuschleichen. Rghhh.

Der Wolf galt als ausgerottet, ganz weg war er nie. Etwa ein Dutzend Wölfe, die aus Polen in die DDR kamen, wurden von Jägern erlegt. Seit der Wiedervereinigung weht ein anderer (Naturschutz-)Wind, der den Wolf schützt und seine Wiederansiedlung wünscht. Die Wölfe kamen zuerst nach Sachsen und Brandenburg zurück. Im Jahr 2019 wurde erstmals Wolfsnachwuchs im Müritz-Nationalpark gesichtet. Seine gelungene Wiederansiedlung

Einmal in die Hocke gegangen, kann man ausprobieren, wie es ungefähr aussieht, wenn man sich als Wolf durch das Heidelbeerdickicht schleicht.

te Schafe dagegen sind ein Geschenk: viel Fleisch auf einmal, kaum Gegenwehr.

Inzwischen nähert sich der Weg einem bedrohlich aussehenden Tannengrund. Aus dem Nichts geht es trichterförmig in eine Senke. Vermutlich war die letzte Eiszeit mit einem ausgetrockneten Soll Schöpfer dieser landschaftlichen Spielerei. Aber alle Vernunft hilft da nichts, es ist einfach gruselig hier. Man sieht kein Grün mehr am Boden, nur dunkles Braun, und genau in der Mitte ist ein Loch – die Wolfsgrube.

Als im Jahr 1710 in Userin 22 Schafe von Wölfen in einem Stall gerissen wurden, wussten sich die Bauern nicht mehr anders zu helfen und gruben an dieser Stelle ein tiefes Loch mit etwa vier Meter Durchmesser. An einem Stamm in der Mitte befestigten sie als Köder ein lebendiges Huhn, deckten die Grube mit Ästen, Reisig und Gräsern ab und warteten. Ging ein Wolf in die Falle, konnten ihn die Bauern leicht töten.

Heutzutage brauchen die Landwirte eine solche Falle nicht mehr. Mit hohen Elektrozäunen oder ausgebildeten Hirtenhunden kann man den Wolf auf Abstand halten. Beides kostet natürlich Geld. Auf dem Rückweg mag man darüber nachdenken, ob unsere Gesellschaft bereit ist, etwas von ihrem Machtbereich abzugeben. Ob sie hier und da Störungen zulässt und sich mit Unkontrollierbarem arrangieren kann.

ist zwar ein seltenes positives Beispiel für den Artenschutz, gleichzeitig aber auch ein Politikum par excellence.

Denn zunehmend stellt sich eine philosophische Machtfrage: Wer hat das Sagen im Wald – der Mensch oder der Wolf? Lässt der Mensch es sich gefallen, dass da einer im Wald unterwegs ist, der die Hoheit für sich beansprucht, und wenn auch nur über ein paar Rehe und Schafe? Der Wolf ist ein Tier, das versucht, möglichst energiesparend an Nahrung zu kommen. Er kalkuliert genau, ob ihm bei der Nahrungssuche Risiken entstehen: Ist ein Reh jagdbar, greift er an. Sieht hingegen ein Hirsch groß und gefährlich aus, nimmt der Wolf eher Abstand. Auch Menschen sind ihm unheimlich. Ungeschütz-

Solch eine Blütenpracht kann man am Wegesrand entdecken. Auch wenn der Name »Sumpfporst« der Pflanzen-schönheit nicht gerade die angemessene Ehre erweist.

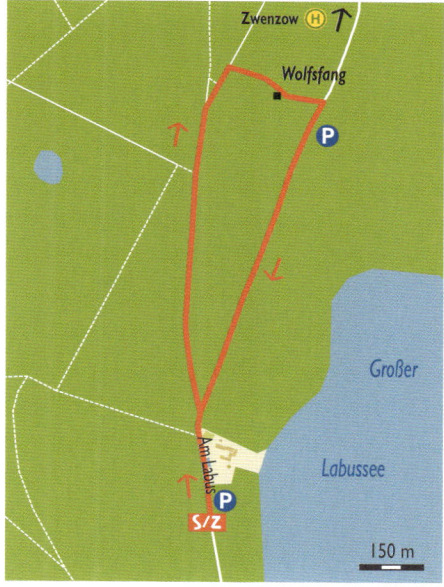

FAZIT: NACHDENKLICHE WANDERUNG ZU EINEM GRUSELIGEN ORT MIT WILDER VERGANGENHEIT.

Hin & weg: Die Wanderung kann entweder am Hotelparkplatz Rookhus oder vom Wanderpark-platz direkt am Wolfsfang begonnen werden. Anreise nach Zwenzow mit dem Bus 670 von Neustrelitz, von dort muss man 2 km bis zum Startpunkt laufen.

Beste Zeit: Ganzjährig möglich, am besten an einem grauen Regentag oder einem dunklen Herbst-tag, an dem der Nebel die Sicht raubt. Gruselig soll es sein.

Dauer & Strecke: 1–2 Std., ca. 1 km ab dem Hotelparkplatz Rookhus.

Ausrüstung: Einen Topf zum Lärm machen in der Not. Oder verjagt man so nur Bären?

GARTEN-
TRÄUME

⊰ ... der Balkonweg Basedow ⊱

 **#4**

*Der Name impliziert es schon, das Herab-
schauen von einer Anhöhe. Tatsächlich
hat der Balkonweg etwas Erhebendes.
In extra angelegten Blickfenstern kann
man Elemente der Lenné'schen Landschaftsgestaltung von vor 180 Jahren
noch gut erkennen. Ein Stück Toskana
im hohen Norden.*

Was für ein Anblick! Der berühmte preußische Landschaftsarchitekt Peter Joseph Lenné setzte die sich ihm darbietende Landschaft eindrucksvoll in Szene.

Herrschaftliche Anwesen entstanden in den vergangenen Jahrhunderten reichlich in Mecklenburg-Vorpommern. Wer etwas auf

sich hielt, legte dazu auch einen ordentlichen Park an. Erstaunlich oft wurde dafür ein gewisser Peter Joseph Lenné gebucht, Gartenkünstler und Landschaftsarchitekt, der sich in Berlin durch die Umgestaltung des Tiergartens einen Namen gemacht hatte. Auch die Pfaueninsel und der Park Charlottenhof in Potsdam-Sanssouci gehen auf seine gestalterische Kappe. Eines seiner bedeutendsten Schmuckstücke findet sich in Basedow.

Die alte Adelsfamilie von Hahn hatte in Basedow ihren Stammsitz und baute den Gutshof im Laufe von sechs Jahrhunderten zu einem der prächtigsten Schlösser Mecklenburgs aus. Adolf Friedrich Graf von Hahn beauftragte Lenné 1835, auf 200 Hektar Land eine *Ornamented Farm*, ein sogenanntes

Dass Menschen bereits seit Jahrtausenden gern in dieser Gegend siedeln, beweist das Großsteingrab im Basedower Schlosspark.

geschmücktes Landgut zu schaffen. Lenné mochte diese aus England stammende Gartentheorie, die landschaftsgestalterische Ästhetik geschickt mit effektiver wirtschaftlicher Nutzung zu verknüpfen gedachte. Lenné schmückte und gliederte die Weideflächen mit Baumpflanzungen. Malerische Teiche und sanft geschwungene Wege prägen die Parklandschaft. Er schuf Blickachsen in der Landschaft, ließ Hügel durch Baumgruppen optisch erhöhen, strukturierte Flächen durch einzelne Bäume.

Natürlich muss dieses Gesamtkunstwerk auch angemessen beschaut werden. Deshalb führt diese Tour zunächst einmal vom Schloss weg und aus dem Ort heraus. An der Kirche und einem Obelisken vorbei biegt die von alten Kastanienbäumen gesäumte Straße bald in den von Lenné angelegten Balkonweg ein, der auf einer Endmoräne entlangläuft und herrliche Ausblicke auf den Ort, Kirche, Schloss und Marstall freigibt.

Alleen führen strahlenförmig ins Dorf, der Spitzpappelberg war ursprünglich mit Pyramidenpappeln bepflanzt, in Anlehnung an die toskanische Landschaft, die Adolf Friedrich Graf von Hahn in seiner Jugend bereiste. Da Lenné nicht nur Flächen im Park, sondern auch außerhalb gestaltete, entstand der Eindruck einer Parklandschaft, die sich bis in weite Ferne ausdehnt. Das damalige Konzept funktioniert noch heute.

In einem weiten Bogen führt der Balkonweg schließlich zurück in Richtung Schloss und in

den eigentlichen Schlosspark. Auch heute noch wird der ausgedehnte Landschaftspark ganz im Lenné'schen Sinne gleichzeitig zum Flanieren und als Viehweide genutzt.

FAZIT: DAS SCHÖNE MIT DEM NÜTZLICHEN ZU VERBINDEN IST DIE ESSENZ LENNÉ'SCHER LANDSCHAFTSGESTALTUNG. MEISTERHAFT VERWIRKLICHT BEI BASEDOW.

Hin & weg: Parken ist überall im Ort möglich. Nach Basedow kommt man mit dem Bus 232 von Malchin.

Beste Zeit: Ganzjährig möglich und reizvoll.

Dauer & Strecke: 2–3 Std., 5 km.

Ausrüstung: Muße.

AUF SAND-WEGEN

... Trailrunning im Müritz-Nationalpark

#5

Warum nicht mal einen Gang schneller einlegen? Keine Sorge, Trailrunning bedeutet nicht, dass die schöne Landschaft einfach so an einem vorbeifliegt. Das schnelle Laufen beansprucht die Sinne nur etwas anders als das Wandern. Der Rundkurs bei Goldenbaum ist ein perfektes Trainingsgelände.

Der Müritz-Nationalpark bleibt sich selbst überlassen. Eingriffe von außen werden nicht mehr vorgenommen.

Früher hieß es Joggen, heute Running – man liest Zeitschriften wie Runner's World , Ultra-Running Magazine, Trail Runner Magazine ... Durch den Wald zu rennen ist ein Breitensport geworden. In den mecklenburgischen Wäldern sind die Trailrunner allerdings eine sehr seltene Spezies. Dabei gibt es in der Endmoränenlandschaft mit ihren sanften Hügeln, Wäldern, Flüssen und Seen das perfekte Gelände für diesen Sport.

Also Schnürsenkel der Laufschuhe fest zubinden, dann geht es los. Aus Goldenbaum heraus und am Mühlenteich entlang sind die Wege noch breit und bequem, Sand und Blätter auf dem Boden federn die Schritte. Der Puls geht hoch, man atmet die frische, erdige Luft ein, schon nach ein paar Hundert Metern kommt der Stolz, sich überwunden zu haben. Der Blick schweift zufrieden über die schöne Landschaft mit den alten Buchen.

Kurz hinter dem Jugendwaldheim Steinmühle, wo sich die beiden Seen fast treffen, wird das Gelände gröber, der Weg schmaler, und es

Es gibt kaum etwas Gesünderes für Körper und Geist als eine Runde Trailrunning im Müritz-Nationalpark.

geht zum Ufer hinab. Konzentration! Die Augen heften sich auf den Boden, während der Körper sich ständig neu stabilisiert. Die Kommunikationskette Auge–Gehirn–Muskeln arbeitet auf Hochtouren. Der ganze Körper ist gefordert. Bei jedem Laufschritt werden die 23 Bandscheiben massiert, der Cholesterinspiegel senkt sich, die Verdauung wird angeregt, das Volumen des Herzens und der Lunge nehmen zu, die Immunabwehr wird gestärkt und die Knochen gefestigt. Außerdem, so sagen die Forscher, machen Jogging oder Trailrunning schlauer!

Bald schon ist die Hälfte der Strecke erreicht, der Weg wird breiter und sandig, der Wald lichtet sich. Jetzt hat man einen freien Blick auf Wiesen und Felder. Fast mag man schon in den Entspannungsmodus übergehen, als es kurz vor dem Ziel in Goldenbaum ordent-

lich den Berg hinaufgeht. Und dann stellt er sich ein, dieser sagenumwobene körpereigene Drogentrip, wenn die Muskeln langsam erschöpfen, Milchsäure ins Blut abgeben und daraufhin die Hirnanhangdrüse als Betäubungsmittel Glückshormone ausschüttet.

FAZIT: SPORTLICHER GLÜCKSTRIP IN PERFEKTER NATURKULISSE.

Hin & weg: Parken ist überall im Ort möglich. Ab Neustrelitz ist man mit dem Bus 631 in 20 Min. in Goldenbaum.

Beste Zeit: Bei Temperaturen über 5 Grad jederzeit möglich.

Dauer & Strecke: 1-2 Std., 12 km.

Ausrüstung: Laufschuhe, Getränk, Fitnessriegel.

UNTER 1000-JÄHRIGEN

⇒ ... die Ivenacker Eichen ⇐

Ganz Mecklenburg ist voll von ihnen. Alt und knorrig formen Eichen die Straßen zu prächtigen Alleen. Die eindrucksvollsten unter ihnen stehen in Ivenack, sie sollen über 1000 Jahre alt sein. Im Hudewald und auf einem Baumwipfelpfad kann man sie aus nächster Nähe bestaunen.

Ganz genau kann man ihr Alter nicht
mehr bestimmen, denn die Ivenacker
Eichen sind innen fast hohl.

Der Sage nach ist die Entstehung der Ivenacker Eichen eng mit dem ehemaligen Zis-
terzienserkloster des Ortes verbunden. Die
dort lebenden Nonnen hielten ebenso wie die
Slawen Vieh, das sie Tag für Tag auf die damals übliche Waldweide führten. Doch nicht
alle Nonnen waren mit dem Leben im Kloster
zufrieden. Sieben von ihnen sollen ihr Ge-
lübde gebrochen und das Kloster verlassen

haben. Ein Fluch verwandelte die Nonnen in
Eichen. Die erste der Nonnen würde nach
1000 Jahren erlöst werden und die Eiche ab-
sterben. Danach würde alle 100 Jahre eine
weitere Nonne erlöst werden, bis zur letzten.
Noch sind es fünf.

Wenn man dann tatsächlich vor ihnen steht,
gleich am Eingang in den Park, wirkt die Ge-

In 40 Meter Höhe blickt man von der Aussichtsplattform des Baumwipfelpfads Ivenack über die grandiose Landschaft.

feln, zahlreiche Fragen. Das ist nicht nur für Kinder spannend. Wer weiß schon, warum die Eichen so spät im Frühjahr ihre Blätter bekommen? Oder was ein Förster im Eichenwald beachten muss, um nach Jahrzehnten wertvolles Holz schlagen zu können? Wie schafft es der Baum, sich täglich mit mehreren Hundert Liter Wasser zu versorgen?

Die berühmten Ivenacker Eichen sind nicht etwa Überbleibsel von Urwäldern, sondern Ergebnis der über Jahrhunderte praktizierten Waldweide. Ein Stück vom Baumwipfelpfad entfernt, am Schaugatter der Turopolje-Schweine, lässt sich auch heute noch beobachten, wie intensiver Viehtrieb den Wald stark auflichtet und die natürliche Waldregeneration verhindert. Schließlich blieben nur einige wenige Licht liebende Baumarten übrig, von denen die Bauern der damaligen Zeit die Eichen besonders schützten. Denn sie boten wertvolles Viehfutter für die sogenannte

schichte mit den Nonnen wenig glaubhaft. Denn die Bäume sind unfassbar gewaltig, groß, stark, ausladend und füllig – Mönche wären passender gewesen. Es sollen die dicksten und ältesten Bäume in ganz Europa sein – mit einem Umfang von bis zu 14 Metern und einem geschätzten Alter zwischen 800 und 1200 Jahren.

Wenige Hundert Meter von den alten Eichen entfernt schwingt sich der Baumwipfelpfad bis in die Gipfel eines noch nicht ganz so alten Eichenwaldes. Hier entlangzuspazieren ist sprichwörtlich erhebend. Oben in den Baumkronen ist es nicht mehr wichtig, welcher Ast zu welchem Baum gehört, alles Grün fließt ineinander. Gleichzeitig beantwortet Frau Dr. Silva, eine illustrierte Lady auf Schauta-

Nichts Besonderes hier: Rehe und Hirsche grasen genüsslich neben den Cafétischen und auf dem Kinderspielplatz. Man befindet sich innerhalb des Damwildgeheges.

Eichelmast. Zudem spendeten sie mit ihren ausgeprägten Kronen üppigen Schatten.

Am Damwildgehege neben dem Barockpavillon sitzt man bei Kaffee und Kuchen gefühlt mit Rehen und Hirschen an einem Tisch, bevor man den abgezäunten Bereich des Parks verlässt. Von hier aus kann man noch einmal rund um den Ivenacker See spazieren.

Tipp: Wer nur im weitläufigen Ivenacker Park spazieren möchte, ohne den Baumwipfelpfad zu besuchen, dem sei empfohlen, die Nebeneingänge des Parks zu benutzen. Dort muss kein Eintritt bezahlt werden.

Hin & weg: Der Parkplatz befindet sich direkt gegenüber dem Parkeingang. Nach Ivenack gelangt man mit dem Bus 421 vom Bahnhof in Stavenhagen, die Haltestelle ist 2 km vom Parkeingang entfernt.

Beste Zeit: Ganzjährig möglich. Im Herbst zwischen den bunten Bäumen ein ganz besonderes Erlebnis.

Dauer & Strecke: Ein halber bis ganzer Tag, 7 km zu Fuß oder mit dem Fahrrad.

Ausrüstung: Im Herbst ein Körbchen zum Eichelnsammeln.

> **FAZIT: UNTER DEN MÄCHTIGEN IVENACKER EICHEN FÜHLT MAN SICH AUF GANZ GROSSARTIGE WEISE KLEIN.**

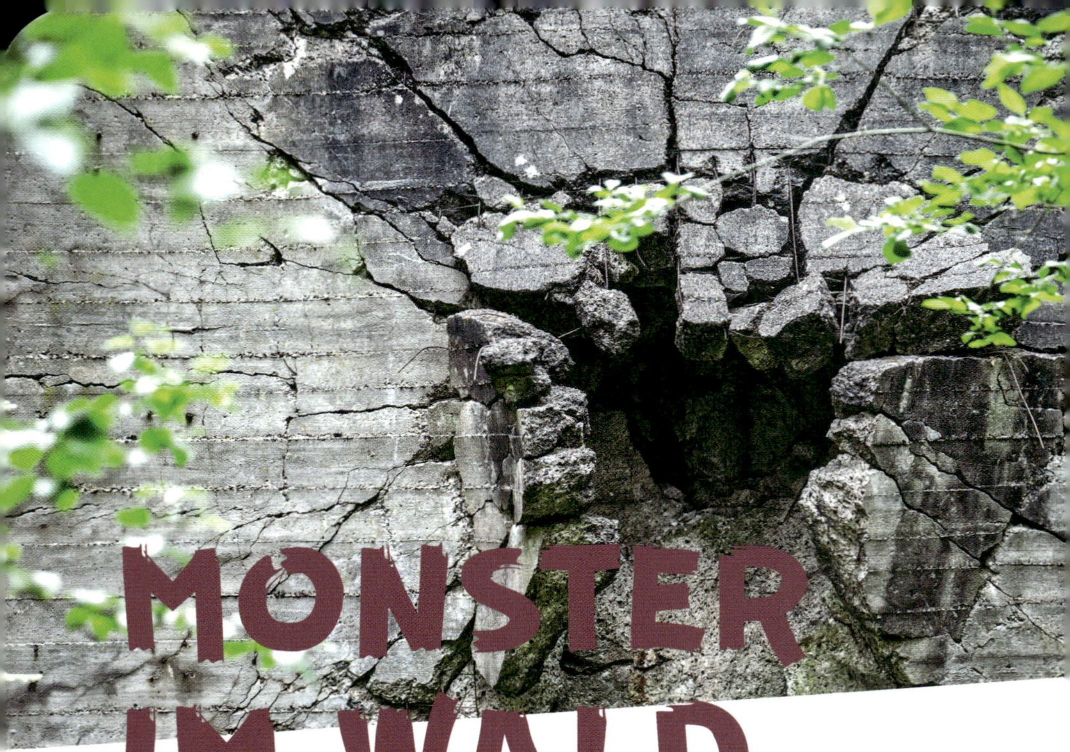

MONSTER IM WALD

… einmal gruseln bei Granzow

#7

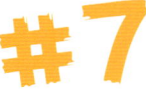

Im Wald kurz hinter Granzow stehen sie: die weißen Häuser mit dem Spitznamen Neu-Berlin. Was so vielversprechend klingt, ist in Wahrheit eher gespenstisch. Es waren Versuchsbunker der Nazis, eine Außenstelle der zentralen Erprobungsstelle der Luftwaffe des Deutschen Reiches.

#Geschichtsstunde #geheimnisvollerBeton #ArboretumErbsland

Morbide Schönheit: Eine gewisse Ästhetik kann man den im Wald versteckten Bauten nicht absprechen...

Der einzige Wegweiser hier am Ende der aus nur fünf Häusern bestehenden Siedlung Schillersdorfer Teerofen bei Granzow ist das Ortsausgangsschild mit dem Hinweis »Niemandsland 3 km«. Passender könnte der Name kaum sein, denn das Gelände, zu dem es geht, ist Teil eines riesigen, 190 Hektar großen ehemaligen Militärgeländes, dessen Geschichte knapp 100 Jahre währte.

Rechts und links des Weges weisen Schilder auf »munitionsbelastetes Gebiet«. Vom Weg

In den Wäldern bei Rechlin liegt noch immer viel Munition. Die »Germania-Bauten« waren Versuchsbunker der Nazis und eine Erprobungsstelle der Luftwaffe der deutschen Wehrmacht.

abkommen sollte man hier besser nicht. Reste rot-weißer Absperrbänder flattern im Wind; es ist wie in einem Krimi. Man starrt auf den dichten Wald, nichts zu sehen, aber man spürt die Präsenz der Häuser. Ein Baum knarzt – oder weint da etwa jemand? Die Fantasie geht mit einem durch. Herzklopfen. Und plötzlich sieht man sie, die Ruinen der Germania Probebauten.

Ein kurzer Blick in die Geschichte: Im August 1918 weihte der Großherzog Friedrich-Franz von Mecklenburg-Schwerin bei Rechlin die Flieger-, Versuchs- und Lehranstalt am Müritzsee ein und rückte das kleine mecklenburgische Dörfchen Rechlin und die umliegenden Orte ins Zentrum des gesamten deutschen Militärflugwesens. Die Nähe zur

damaligen Reichshauptstadt Berlin und die gleichzeitige Abgeschiedenheit boten perfekte Bedingungen.

Nach 1933 wurde die Erprobungsstelle stark vergrößert und zunehmend militärisch genutzt. Jedes neue Flugzeug musste damals eingeflogen, getestet und justiert werden. Auf dem Gelände arbeiteten über 4 000 Techniker, Ingenieure und Testpiloten. Rechlin und die umliegenden Dörfer Schillersdorf und Qualzow wurden umgesiedelt und dienten als Testgelände für Bombenabwürfe. In den umliegenden Wäldern findet man noch heute ein Stück Autobahn, einen gesprengten, umgestürzten Luftschutzturm und die vier weißen Häuser Neu-Berlin. Im Kriegsfalle sollten diese bombensicheren Häuser, dann serienmäßig erbaut, den gefährlichen Weg zwischen Wohnung und Schutzraum unnötig machen. Ihre Funktionstüchtigkeit wurde hier im Wald bei Granzow erprobt. Auch wenn die Anwesenheit der Gebäude beweist, dass die Tests erfolgreich verliefen, kam es glücklicherweise nicht zum Bau eines neuen Berlins.

Ein Stück weiter gelangt man zu einer Betonplatte, die offensichtlich ebenfalls beschossen wurde. Eine gewisse Ästhetik kann man den Einschussstellen nicht absprechen. Der Rückweg ist leichter, man entfernt sich lieber von diesem Ort, als dass man sich ihm nähert.

Tipp: Wer mag, erweitert die Runde noch ins Arboretum Erbsland, eine der ältesten forstlichen Versuchsflächen in Deutschland. Hier wurden Ende des 17. Jahrhunderts 40 ausländische Baumarten gepflanzt, um deren Eignung für die deutsche Forstwirtschaft zu testen. Ein bisschen gruselig ist es auch hier.

Hin & weg: Von Neustrelitz fährt ein Bus bis Granzow. Von der Haltestelle bis zum Abzweig Teerofen sind ca. 2,5 km auf einer wenig befahrenen Waldstraße zu gehen. Parken ist überall am Wegesrand möglich.

Beste Zeit: Ganzjährig möglich. Im Herbst und im Winter sieht man die Häuser sogar noch besser, und die düstere Stimmung des Wetters passt gut zum Thema.

Dauer & Strecke: 2–3 Std., etwa 3 km ab Teerofen.

Ausrüstung: Starke Nerven.

> **FAZIT: GESCHICHTSTRÄCHTIGE WANDERUNG MIT GRUSELFAKTOR. ANSCHAULICHES LEHRSTÜCK ÜBER EINEN DUNKLEN ASPEKT DEUTSCHER GESCHICHTE.**

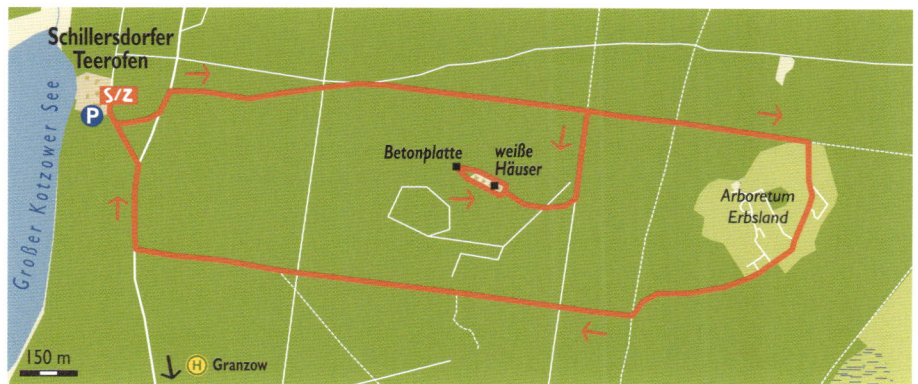

DER HELD VON KUMMEROW

§ ... und (s)ein Schloss am Kummerower See §

#8

*2011 wurde Schloss Kummerow ver-
steigert. Das völlig marode Bauwerk sollte
vor dem Verfall gerettet und der Charme
seiner fast 300-jährigen Geschichte
erhalten werden. Das Schloss fand seinen
Helden, was ein Segen war, nicht nur für
das Gebäude, sondern auch für den Ort
und die gesamte Region.*

#Fünf-Sterne-Badestelle #zeitgenössischeFotografie #FriedhofderliterarischenGestalten

Jeden Morgen werden die 28 inneren Fensterflügel des Schlosses zur See-seite hin geöffnet.

Dieses Kummerow am gleichnamigen See hat nichts mit demjenigen aus dem Romantitel »Die Heiden von Kummerow« zu tun, auch wenn der Ort des Romans nicht allzu weit entfernt liegt. Kummerows gibt es sowieso wie Sand am Meer. Aber kein anderes hat ein Schloss wie dieses, das sich derart malerisch in eine der schönsten Landschaften Deutschlands einfügt. Die Mecklenburgische Schweiz ist ein beinahe noch unentdeckter Rohdiamant, sie erhebt sich am gegenüberliegenden Ufer des Sees. Der Blick hinüber von der Badestelle unterhalb des Schlosses ist großartig. Wer hier nicht seine Picknickdecke ausbreitet, ist selber schuld.

Vom Strand spaziert man durch den »Friedhof der literarischen Gestalten«, den der Bremer Bildhauer Uwe Schloen für die nie beerdigten Romanhelden schuf. Gregor Samsa aus »Die Verwandlung« von Franz Kafka fand hier ein Grab, Effi Briest aus dem gleichnamigen

Der Bremer Bildhauer und Verleger Uwe Schloen schuf den malerischen »Friedhof der literarischen Gestalten« im Schlosspark Kummerow.

Roman von Fontane, Anna Karenina von Tolstoi. Ein Grab allerdings fehlt noch: das von Martin Grambauer, der Hauptfigur in Ehm Welks »Die Heiden von Kummerow«.

Von der Schlossanlage ist bisher nur das Haupthaus saniert. Es gibt natürlich Pläne: Eine Kita und ein kleines Bistro sollen entstehen, Beherbergungsmöglichkeiten in den Nebengebäuden, ein Informationszentrum über die ostelbischen Herrenhäuser. Es lohnt sich auch, einfach nur spazieren zu gehen.

Doch der eigentliche Schatz liegt im Schloss. Denn Torsten Kunert, der neue Schlossherr, ist nicht nur ein Berliner Immobilienmakler mit enormem Sachverstand bezüglich der Sanierung historischer Gebäude, sondern gleichzeitig auch Kunstliebhaber und Sammler zeitgenössischer Fotografie. Deshalb darf das Schloss heute ein Museum sein. In der Fotosammlung werden Arbeiten international anerkannter Fotografen, unter anderem von Andreas Gursky, Hiroshi Sugimoto und Andreas Mühe, gezeigt.

Schon beim Eintritt durch die schwere Eichentür erkennt man, mit wie viel Liebe zum historischen Detail das Gebäude restauriert wurde. Die behutsame Wiederherstellung des architektonischen Bestandes sucht seinesgleichen. Getreu dem Motto des Hausherrn »In diesem Haus gibt es keine Fälschungen!« wurden alte Anstriche freigelegt, erhaltene

Während das liebevoll sanierte Schlossinnere einer beeindruckenden zeitgenössischen Fotosammlung gehört, ist in den Nebengebäuden noch viel Platz für kreative Zukunftsfantasien.

Parkettstücke restauriert und nur die zu stark beschädigten Stellen erneuert. Eleganz liegt über allem. Aber die Spuren der Zeit bleiben sichtbar. So finden sich im Spiegelsaal, dem historischen Prunk- und Festsaal des Schlosses, auch Hammer, Sichel und Ährenkranz – das Emblem, das jedes schwarz-rot-goldene Tuch zu einer DDR-Fahne macht. Diese Zeit war nicht nur prägend für das Gebäude, sondern auch für den Schlossherrn und Sammler selbst. So wundert es einen nicht, dass sich in der Ausstellung auch Fotografien namhafter Vertreter der ostdeutschen Fotografie, etwa von Ute und Werner Mahler, Erasmus Schröter, Sybille Bergemann und Harald Hauswald, finden.

Hin & weg: Der Parkplatz befindet sich links vom Schloss. Nach Kummerow fährt man ab Malchin mit dem Bus 407 in Richtung Grammentin Dorf.

Beste Zeit: Ganzjährig möglich, am besten im Sommer, wenn man Badestelle und Park ausgiebig nutzen kann.

Dauer: 2–4 Std.

Ausrüstung: Badesachen, Decke, Picknickkorb, Roman »Die Heiden von Kummerow«.

FAZIT: DIE SPUREN DER ZEIT SIND ÜBERALL SICHTBAR. IN DER LANDSCHAFT, IM SCHLOSS UND IN DER FOTOGRAFIE.

ABSTECHER …

SELIGKEIT DES SCHREITENS

… Rundwanderung bei Alt Necheln

Die schlichte Schönheit dieser Land-
schaft braucht nichts Spektakuläres,
um zu bezaubern. Die kurze, aber sehr
abwechslungsreiche Tour führt durch
eine sanft hügelige Endmoränenland-
schaft vom Gutshaus Alt Necheln bis zum
Schloss Kaarz. Der Rückweg folgt dem
Flüsschen Warnow.

Die Wanderung vom Gutshaus Alt Necheln zum Schloss Kaarz ist keineswegs spektakulär, doch die Schlichtheit der Natur hat hier ihren ganz eigenen Zauber.

Das Gutshaus in Alt Necheln, gerade einmal 100 Jahre alt, macht ordentlich etwas her. Schöne Fachwerkarchitektur in noch schönerer Landschaft ist immer eine gute Kombination. Auf der linken Seite führt ein Weg zum Fluss. Über die Warnow kommt man unter den Blicken zweier hölzerner Männer, deren Köpfe auf Pfählen im Wasser stecken. Sie scheinen die Brücke zu bewachen und erinnern an zwei Männer, welche die schöne Brücke 1990 wieder aufbauten, als nur noch morsche Holzbohlen über dem Fluss lagen. Unterhalb der Brücke lädt ein Bootssteg die Wasserwanderer zur Rast.

An Feldern, Kuhweiden und Pferdekoppeln vorbei wandert man auf dem Gelände eines ehemaligen Rittergutes, das erstmals im Jahr

1416 als *Hoff to Wetzelyn* erwähnt wurde, bis zum Schloss Kaarz. Die Landschaft ist malerisch. Sanfte Hügel mit Kiefernwäldchen auf

Duftende Wildblumen und Kräuter, unkende Frösche, schimmernde Libellen und gelangweilte Kühe streicheln dem Besucher die Seele.

sandigen Böden schmeicheln dem Auge, die Luft ist herrlich frisch.

Über viele Jahre lang war Schloss Kaarz zum Ende der DDR-Ära nahezu in einen Dornröschenschlaf gefallen. Fast wie im Märchen rankte wilder Wein die Schlossfassade empor, der Putz, über den die Blätter noch nicht die Hoheit erlangt hatte, war abgefallen oder von Wind und Regen gezeichnet. Starker Verfall, nachträglich eingezogene Wände im ganzen Haus und die Abwesenheit der ursprünglichen Einrichtung zeugten von Zeiten, in denen kein Platz war für herrschaftliche Romantik.

Die alten, nach dem Krieg enteigneten Besitzer der Familie Julius Hüniken kauften das Schloss oder besser die Ruine 1990 nach der Wende meistbietend zurück. Mit enormem finanziellen Einsatz und einer besonderen Leidenschaft, die allen Schloss- und Gutsbesitzern Mecklenburgs eigen ist, erweckten sie es aus seinem Schlaf. Heute ist es ein Hotel mit angeschlossenem Café und Restaurant. Gern rastet man hier auf einem Hügel mit Blick auf den denkmalgeschützten Park mit seinen alten Bäumen.

Auf dem Rückweg breitet der schmale Fluss Warnow zwischen schilfbewachsenen Ufern Teppiche gelber Teichrosen aus, während blau gebänderte Prachtlibellen von Blüte zu Blüte flirren. Stockentenfamilien ducken sich unter weißen Holunderbüschen. Irgendwo im Schilf trällert ein Schilfrohrsänger. An Himbeerhecken vorbei führt der Wanderweg unter alten Buchen zurück nach Alt Necheln.

FAZIT: SCHLOSSDRAMA MIT GUTEM AUSGANG UND VOLLE PUNKTZAHL FÜR DIE LANDSCHAFT!

Hin & weg: Nach Alt Necheln gelangt man nur mit dem eigenen Auto. Wenn man die Tour aber in Kaarz startet, kann man mit dem Sternberger Rufbus dorthin gelangen. Parken ist überall in Alt Necheln und auch in Kaarz möglich.

Beste Zeit: Wirklich zu jeder Jahreszeit schön. In der Nebensaison auf der Homepage des Schlosses die Öffnungszeiten des Cafés prüfen: www.schlosskaarz.de

Dauer & Strecke: Ein halber bis ganzer Tag, 6 km zu Fuß.

Ausrüstung: Sonnenhut, Proviant.

SICH FALLEN
LASSEN

⋛ … am Schmalen Luzin bei Feldberg ⋚

Ein Schwungseil hängt in fünf Meter
Höhe im Baum, Sprossen am Stamm
führen hinauf. Unten glitzert der Schmale
Luzin türkisblau und einladend in der
Sonne. Ein Ort zum Bleiben, gleich
neben der handbetriebenen Seilfähre
über den See.

#türkisblauerSee #Handseilfähre #fürimmerbleibenwollen #Naturfreibad #Springbaum

Der hohe Kalkgehalt des Wassers beschert dem See ein intensives Türkisgrün.

Wer am Ende des Feldberger Luzinweges in den Wald spaziert, staunt nicht schlecht. Man wähnt sich unten, ist aber oben. Ungefähr 70 Meter in der Tiefe liegt der Schmale Luzin, eine alte schöne Steintreppe führt auf 105 Stufen steil hinab.

An warmen Sommertagen ist es unten am Ufer wuselig. Aber das macht nichts. Der Ort verträgt Trubel genauso wie Stille, hier versteht man, was Zen bedeutet. Die selten schöne Landschaftskomposition mit dem glasklaren Wasser und dem sich zu beiden Seiten öffnenden Blick ist eine Spielerei der letzten Eiszeit, als durch die ehemalige Schmelzwasserrinne Unmengen Wasser abflossen. Alles passt zueinander, der Uferstreifen mit den alten Buchen lässt Raum. Hier steht ein Holzhaus mit großen Fenstern, es gibt einen Bootsverleih, ein Bistro und einen Steg, von dem aus man die Füße im Wasser baumeln lassen kann.

Und nicht zuletzt ist da noch die Fähre, die so ziemlich in der Mitte des knapp sieben Kilometer langen Sees Einheimische und Reisende im Handbetrieb über das Wasser bringt. Angeblich halbstündlich. Aber um die

Eine Handseilfähre bringt Touristen und Einheimische während der Sommermonate über den Schmalen Luzin.

Stunden schert sich der Fährmann Thomas Voigtländer nicht wirklich. Wann immer es vom gegenüberliegenden Ufer ruft, legt er

seine großen Hände auf das fast mannshohe Rad, greift gemächlich um und zieht den Kahn an einem zwischen den Ufern gespannten Stahlseil lautlos über den See. Seit über 100 Jahren gibt es hier eine Fähre; erst seit Mitte der 1980er-Jahre liegt sie am Seil. Dieser Job hält definitiv fit. Genügend Puste zum Erzählen hat Thomas Voigtländer trotzdem: »Wollen Sie wissen, woher der See seinen Namen hat?«

Platsch! Etwas Großes ist ins Wasser gefallen! Oder von sehr weit oben. Ganz in der Nähe der Fähre, etwa 200 Meter dem Ufer in Richtung Feldberg folgend, gibt sich die Dorfjugend mit Besuchern einen Wettkampf in den Disziplinen Baumspringen und Langseilpendeln. Das Setting ist atemberaubend schön.

Lieblingsort: der Bootssteg am Fähranleger. Der Tag verfliegt schnell – hier kann man das süße Nichtstun genießen.

Einige Wasserwanderer schauen vom See aus zu. Nur die ganz Mutigen trauen sich. Hier kann man gut viele Stunden verweilen, zuschauen, baden und es am Ende vielleicht sogar selbst probieren.

Hin & weg: Am Ende des Luzinwegs gibt es einen Wanderparkplatz. Anreise nach Feldberg mit dem Bus 619 von Neustrelitz.

Beste Zeit: Seinen Zauber verliert der Ort das ganze Jahr über nicht. Wer im Winter kommt, trifft vielleicht die verrückten Eisbader. Oder die Überquerung des Wassers gelingt über den zugefrorenen See. Die Fähre macht dann sicher verpackt Pause.

Dauer & Strecke: Mind. 1 Std., gerne einen ganzen Tag, rund 500 Meter zu Fuß.

Ausrüstung: Mut, Badesachen, Picknickdecke, Lieblingsbuch, Kamera.

Thomas Voigtländer liebt den Sommertrubel an seinem See. Und weil er so gern erzählt, gibt es im Sommer einmal wöchentlich eine gemütliche Abendplauderei an der Fähre – die Geschichten mit dem Fährmann (www.feld berger-seenlandschaft.de/kulturelles). Spätestens da erfährt man auch, was es mit dem Namen des Sees auf sich hat. Im Herbst wird es ruhiger und einsamer für den Fährmann. Doch er liebt die Zeit der bunten Buchen und des Nebels besonders, und mit niemandem auf der Welt mag er seinen Job tauschen. Es fällt nicht schwer, ihm das zu glauben.

FAZIT: LIEBLINGSORT MIT SCHÖNEM WORK-OUT UND HOHEM ENTSPANNUNGSFAKTOR.

DIE GROßE WELT DER KLEINEN WESEN

 ... mit den Rangern im Müritz-Nationalpark

 **#11**

Sprechende Käfer, knurrende Knoblauch-
kröten, hügelbauende Waldameisen – die
Ranger des Müritz-Nationalparks können
den aktiven Wald vor unserem inneren Auge
auferstehen lassen, auch wenn gerade
niemand da zu sein scheint.

Groß und Klein erfahren erstaunliche Dinge. Die Ranger des Müritz-Nationalparks sind Meister der Wissens-vermittlung über den Wald und seine Lebewesen.

»Hier hat in der vergangenen Nacht ein Reh geschlafen«, sagt Jakob Zunk, einer der Ranger des Müritz-Nationalparks auf der Führung

»Die große Welt der kleinen Wesen«. Sie ist eine von zahlreichen Rangerführungen, die das Nationalparkteam in seinem Programm hat. Sie beginnt auf dem Wanderparkplatz in Zwenzow und führt auf der Route Windwurf durch den Nationalpark.

Alle starren auf den Waldboden und sehen nichts! Ok, Laub, Moos, Gras – dies könnte schon eine schöne Schlafstelle für ein Reh sein, aber woher will der Ranger wissen, was in der letzten Nacht wirklich hier passiert ist?! Die Hüter des Waldes wissen es, zahlreiche von ihnen sind gleichzeitig auch Jäger und Förster. Um das menschengemachte Un-gleichgewicht in der Natur auszugleichen, hocken sie in unzähligen Nächten nahezu un-beweglich auf einem Hochstand und beob-

Viele Pilze im Wald sind essbar, aber nicht alle. Vom giftigen Dünnschaligen Kartoffelbovist sollte man lieber die Finger lassen.

achten das Treiben auf den Lichtungen, um bei einer guten Gelegenheit auch zu schießen. Zu DDR-Zeiten war der Müritz-Nationalpark »angefüttertes« Jagdgebiet der Führungselite. Die Wildbestände waren und sind deshalb noch immer viel zu groß. Junge Baumtriebe haben keine Chance groß zu werden; es ist nicht genug Futter für alle da. Das ist auch der Grund, weshalb die Ranger die Wiederansiedlung des Wolfes befürworten.

Und so geht es immer weiter und tiefer in den Wald hinein, vorbei am Felschensee, in dessen Umgebung man gut beobachten kann, was passiert, wenn der Wald nach einem Gewittersturm nicht wieder aufgeräumt wird. Alle Teilnehmer graben nach Würmern und Insekten, essen Beeren, sezieren Pilze, bestimmen Farne, Moose, Heilkräuter und Blumen. Wie Detektive entschlüsseln die Ranger Spuren, lesen Fährten und vermitteln Wissen über den Wald, wie es in der Schule nicht gelingen kann. Dann hält einer der Ranger einen Waldmistkäfer hoch, der soll hörbare Geräusche machen! Tatsächlich, man hört es wirklich laut und deutlich, wenn man ihn sich ans Ohr hält: ein zirpendes Geräusch! Es entsteht, indem der Waldmistkäfer Teile seines Skeletts gegeneinanderreibt – die sogenannte Schrillleiste über die Schrillkante. Echt schrill!

Wenn Kinder in der Gruppe sind, gibt es unterhaltsame Spiele, damit ihnen die Wanderung nicht lang wird. Die Ranger haben Fotos von Tieren dabei, die jeweils einer Person auf den Rücken geklammert werden. Voranlaufend stellt sie Fragen, die alle nur mit Ja oder Nein beantworten dürfen: Kann ich schwimmen? Habe ich ein Fell? Habe ich vier Beine? Bin ich ein Insekt? Lebe ich im Müritz-Nationalpark? Bin ich grün? Bin ich ein Frosch? Jaaaaa!

Tipp: Im Mai gibt es eine ganz besondere Familienführung für Amphibienfreunde. Ein Musikfestival der besonderen Art: ein Froschkonzert. Bitte Sitzkissen mitbringen.

FAZIT: WUNDERBARE WALDWANDERUNG MIT GROßEM WISSENSZUWACHS.

Hin & weg: Mit dem Auto zum Wanderparkplatz in Zwenzow. Anreise nach Zwenzow mit dem Bus 670 von Neustrelitz.

Beste Zeit: Diese Tour wird nur im Sommer angeboten, aber es gibt Rangerführungen zu jeder Jahreszeit (siehe www.nationalpark-service.de/touren angebote.html).

Dauer & Strecke: 2–3 Std., 5 km.

Ausrüstung: Fernglas, Lupe, Notizblock und Stift.

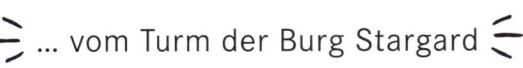

WAS FÜR EIN AUSBLICK!

⇒ ... vom Turm der Burg Stargard ⇐

Von den sieben die Stadt umgebenden Hügeln aus ist die mächtige Backsteinburg Stargard gut zu sehen, thront sie doch selbst auch auf einer Bergkuppe. Andersherum ist das Panorama vom Stargarder Burgbergfried auf das eiszeitlich geprägte Umland durch nichts zu toppen.

Bei guter Sicht blickt man vom Bergfried der Burg Stargard bis zu den Mühlen von Woldegk.

Einst war Stargard der politische und strategische Mittelpunkt Ostmecklenburgs. Herzöge und Heerführer residierten hier. Der beeindruckende Koloss ist Zeuge dieser wechselhaften Vergangenheit, die erhaltenen Bauten stammen aus allen sieben vergangenen Jahrhunderten. Dieser architektonische Mix ist durchaus charmant. Die einzige erhaltene Höhenburg Norddeutschlands wurde Mitte des 13. Jahrhunderts auf den Resten einer slawischen Burg errichtet. Der Bergfried erhebt sich stolz über das Burgensemble.

Von oben hat man einen wahrlich traumhaften Rundblick über die südöstliche Landschaft von Neubrandenburg. Mit dem Rücken an die sonnengewärmte Backsteinturmspitze gelehnt, schweift der Blick über mit Strohballen besprenkelte Felder, über Wälder und kleine Dörfer. Schwalben sausen um die Turmspitze. Hier oben könnte man ewig bleiben. Dann fällt der Blick auf das Gelände der Vorburg. Eine kleine Gruppe sammelt sich um einen mittelalterlich gewandeten Mann im Wurz- und Kräutergarten zu einer Führung. Also nichts wie hin!

Auf 16 Hochbeeten sind systematisch Heil-, Wurz- und Küchenkräuter, Färbe- und Giftpflanzen sowie alte Gemüsesorten und andere historische Nutzpflanzen angeordnet. Der Kastellan, also der Verwalter der Burg,

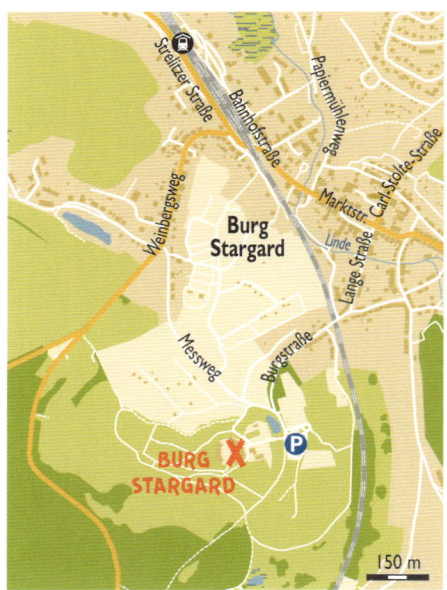

führt unterhaltsam und witzig durch den Garten. Er fragt, ob man sich denn vorstellen könne, wie es in der mittelalterlichen Burg gestunken habe, als man sich nicht täglich wusch, es noch keine Seife gab? Als Hunde und Pferde auf dem damals noch nicht gepflasterten Burghof ihre Notdurft verrichteten und die Menschen dazwischen herumwuselten? Bestialisch! Deshalb legten die Menschen die Fußböden ihrer Räume mit Stroh und angenehm duftenden Kräutern aus. Oder wie das Essen geschmeckt habe, als man sich die unerschwinglich teuren Gewürze Salz und Pfeffer noch nicht leisten konnte? Nach Kräutern natürlich, die den Geschmack der Speisen deutlich aufwerteten.

Dann zupft er liebevoll ein Blatt vom Stängel – Beinwell. Wie es der Name schon sagt, soll

Der Kastellan führt in historischem Gewand durch den alten Kräutergarten. Im Hintergrund erhebt sich der Bergfried der einzigen erhaltenen Höhenburg Norddeutschlands.

der Brei aus den gestampften Blättern oder das Öl aus der Wurzel dieser Pflanze Wunder wirken gegen Knochenbeschwerden jedweder Art. Frauenmantel, Schafgarbe, Löwenzahn oder Labkraut reihen sich in seine wirklich fundierten Beschreibungen. Danach will man auch Kräuterkundler werden.

Hinter der Querdielenscheune gibt es in den Sommermonaten ein kleines Gartencafé, in dem man das soeben Gelernte bei einer Tasse gutem Kaffee und zusammen mit einem leckeren Stück Kuchen verdauen kann.

Tipp: Wer die Umgebung der Burg erkunden möchte, dem sei eine Wanderung auf dem Stadtrundweg »Über sieben Berge« empfohlen. Die Broschüre dazu gibt es im Tourismusbüro direkt neben dem Museum der Burg.

FAZIT: BEEINDRUCKENDE HÖHENBURG MIT SPANNENDEN EINBLICKEN IN DAS MITTELALTERLICHE TREIBEN AUS DEM BLICKWINKEL DER KRÄUTERKUNDE.

Hin & weg: Gebührenpflichtiger Parkplatz direkt vor dem Burggelände. Zur Burg Stargard kommt man auch mit der Bahn. Vom Bahnhof bis zur Burg sind es 1,5 km.

Beste Zeit: Ganzjährig möglich. Am schönsten ist ein Besuch, wenn im Frühjahr die Kräuter frisch sind, oder im Herbst, wenn im Weinschaugarten die saftigen Reben hängen. Weitere Infos unter www.hoehenburg-stargard.de

Dauer: 1–2 Std.

Ausrüstung: Kräuterbestimmungsbuch, Landkarte für die Orientierung auf dem Turm.

WILD MÜSSTE MAN SEIN

... im Wildpark-MV in Güstrow

#13

Schon mal einen Wolf aus nächster Nähe gesehen? Oder einen Luchs beim Jagen beobachtet? In Güstrow kommt man ganz nah heran an die scheuen und seltenen Tiere unserer Wälder. Dabei sind die Gehege so in die natürliche Umgebung eingebettet, dass man die Umzäunung kaum bemerkt.

In Deutschland gelten Braunbären seit über 150 Jahren als ausgestorben. In Güstrow kann man die beiden Bären Fred und Frode in einem Gehege beobachten, das ihrem ursprünglichen Lebensraum entspricht.

Der in eine malerische Fluss-, Wald- und Wiesenlandschaft eingebettete Wildpark-MV in Güstrow eröffnet mit dem Thema Wasser.

Wenn man an Bäche denkt, so hat man meist einen Gebirgsbach mit Quelle und schnell fließendem, sich zügig verbreiterndem Bett vor Augen. Die Niederungsbäche des Nordens, zu denen auch die hiesige Nebel zählt, sind etwas anders. Es handelt sich um Seenabflüsse mit wechselndem Verlauf. Die Fische fühlen sich darin wohl, mit 28 Fischarten ist die Nebel eines der artenreichsten Fließgewässers Deutschlands.

»Nur wer mit dem Strom schwimmt, wird das Meer erreichen«, meinte der chinesische Philosoph Konfuzius. Hier trägt seinen Namen ein dicker Wels. Alle Welse hier tragen interessante Namen, hinter denen sich kluge Weisheiten verbergen. Es gibt eine gläserne Fischtreppe, und im Aquatunnel kann man

Platz da, jetzt komm ich! Der gewundene Holz- und Kletterpfad führt mitten durch die Raubtier-WG, die Heimat von Wölfen, Luchsen und Braunbären.

trockenen Fußes ein natürliches Gewässer durchwandern und Hechte, Zander oder Forellen bei ihren Beutezügen beobachten.

Dann wird es wilder. Die Wegweiser führen zur Raubtier-WG, einer etwas ungewöhnlichen, sechs Hektar großen Kommune, in der Braunbären, Wölfe, Luchse und Wildkatzen Zaun an Zaun leben. Bären und Wölfe teilen sich sogar ein großes »Zimmer« mit eigenem See. Mit etwas Glück sieht man die riesigen Bären vergnügt darin baden. Die Besucher werden unauffällig über die Köpfe der Tiere hinweg auf teilweise abenteuerlichen Wegen durch die Baumkronen des Waldes geführt. Oder unter ihnen hindurch, wie in den schmalen Gängen der Wolfshöhle, die ebenfalls spannende Ausblicke ins Jagdrevier der wilden Tiere bietet.

Ganz in der Nähe liegt eine Moorleiche am Wegesrand, sie ist eine der Stationen des Bodenerlebnispfades. Man durchstreift ein Kiefernwäldchen und das Wildschweingehege, bis man zu einem Aussichtsturm gelangt, von dem aus man über die Wiesen- und Weidelandschaft mit den Schaf- und Pferdekoppeln schauen kann. Für Kinder ist der ganze Park ein großes, spannendes Abenteuer. Sie spielen am liebsten auf dem Insektenspielplatz im großen Netz der Spinne oder besuchen die Tiere im Streichelzoo.

Tipp: In Vollmondnächten kann man den Park und seine Bewohner noch einmal in einem anderen Licht betrachten. Wer dabei noch immer keine Gänsehaut verspürt, kann sich

für eine Nacht in der Wolfshütte einmieten. Dann sitzt man gemütlich am Lagerfeuer, während die Wölfe ganz in der Nähe den Mond anheulen (www.wildpark-mv.de).

FAZIT: AUF TUCHFÜHLUNG MIT DER EINHEIMISCHEN TIERWELT.

Hin & weg: Kostenloser Parkplatz direkt am Wildpark. Vom Bahnhof in Güstrow ist man mit der Buslinie 252 in 15 Min. am Ziel. Die S-Bahnstation Priemerburg ist 25 Min. zu Fuß entfernt, ein schmaler Trampelpfad führt durch den Wald.

Beste Zeit: Ganzjährig möglich.

Dauer: 2–3 Std.

Ausrüstung: Fernglas, Lupe, Mut.

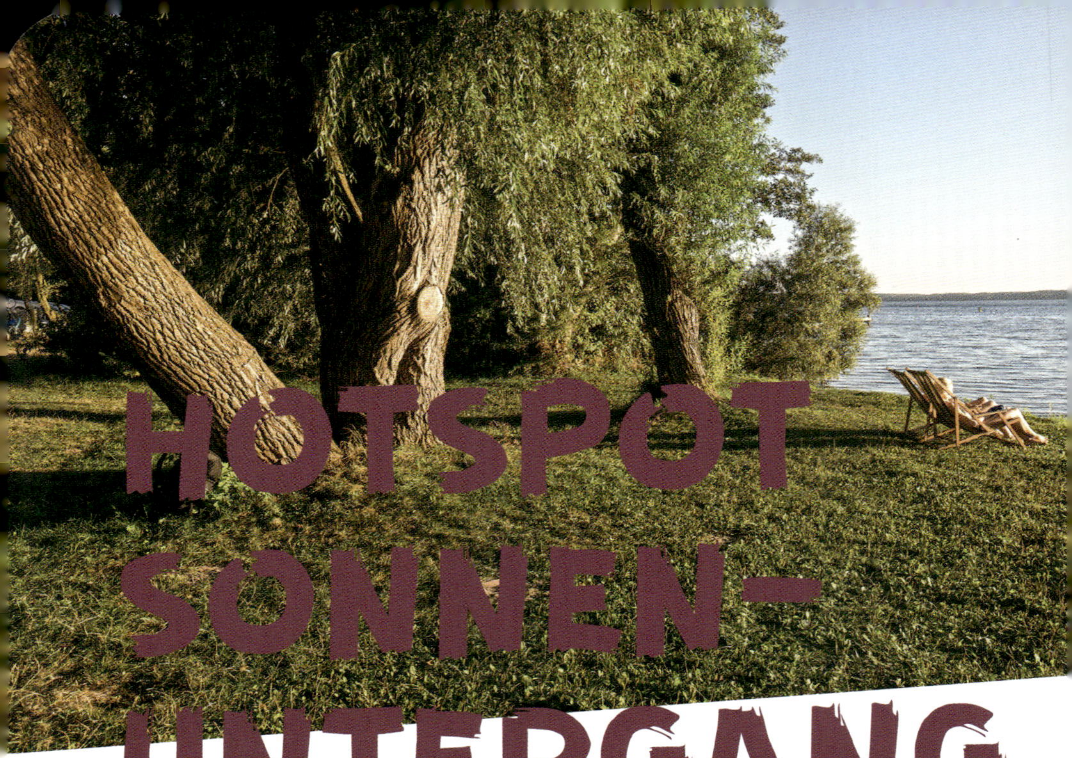

HOTSPOT SONNEN-UNTERGANG

... am Ostufer des Plauer Sees

#14

Gerade in den mecklenburgischen Weiten wünscht man sich, ab und zu einen grandiosen Sonnenuntergang zu erleben. Es gibt einen Ort, an dem das abendliche Schauspiel erstaunlich oft farbenprächtig und mit üppigem Wolkentheater über die Bühne geht.

#demHimmelganznah #SonneMondundSterne #ZeltplatzmitKulisse

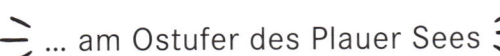

Von der schönen Badestelle in Zislow aus lässt sich der Sonnenuntergang besonders gut beobachten.

Auf jeden Fall stimmen hier schon mal Ausrichtung und Setting. Am Ostufer des Plauer Sees unterhalb der Dorfkirche von Zislow liegt die Badestelle des Ortes: Flach und sandig geht es ins Wasser, perfekt zum Baden für Kinder. Noch scheint die Sonne warm, und für Stand-up-Paddling-Neulinge befindet sich hier das perfekte Testgelände. Man kann auf der

Wiese picknicken oder einfach faul in der Sonne liegen, auf den See hinausschauen und auf den Sonnenuntergang warten. Oder man geht noch eine kleine Runde.

Der Pfad der Wald- und Baumgeister führt vom Zentrum des Ortes an den Großen Pätschsee. Überall verstecken sich die von

63

Der Pfad der Wald- und Baumgeister führt dicht am Ufer des Großen Pätschsees entlang. Am Wegesrand können aufmerksame Betrachter so manche Gestalt entdecken.

einheimischen Kindern gestalteten Geister in den Bäumen und am Seeufer. Der schmale Weg schlängelt sich immer ganz dicht am Wasser entlang. Es ist ruhig hier und sehr urig. Den kleinen Pfad zurück zum Plauer See mag man zunächst gar nicht für voll nehmen. Es sieht beinahe so aus, als wäre hier eben erst ein Indianer mit dem Buschmesser durch den Dschungel gelaufen.

Inzwischen ist der Plauer See wieder erreicht, und die Wald- und Baumgeister führen zu einem der schönsten Campingplätze der Mecklenburgischen Seenplatte, dem Natur-campingplatz Zwei Seen. Hier hat die letzte Eiszeit ganze Arbeit geleistet und eine schöne Bodenwelle aufgeworfen, auf der sich die Zelte Ebene für Ebene zum See hinunter aufreihen. Die Welle läuft in einer breiten Wiese mit uralten knorrigen Weiden aus. Einige bequeme Holzbänke mit Blick in Richtung Westen warten am Ufer auf Sitzgäste und Zuschauer des allabendlichen Spektakels.

Wenn die Sonne langsam sinkt, beginnt das beeindruckende Schauspiel. Jeden Tag anders und doch fast immer bunt, mit sich nie wiederholenden Wolkenformationen. Vögel ziehen über den farbenprächtigen Himmel, und die Spiegelung im Wasser macht alles doppelt schön. Nach und nach gewinnt der Himmel visuell die Oberhand über die Erde. Das gibt es sonst nur am Meer.

Bevor es ganz finster ist, geht es immer am See entlang zur Badestelle von Zislow zurück. In schönen Sommernächten sitzt man hier

Am Ende des Spazierganges lädt die Bank an der Zislower Kirche zur Rast. Oder man nimmt ein letztes Bad, bevor die Sonne im Plauer Meer versinkt.

gemeinsam mit anderen und beobachtet die Sterne. Die Milchstraße sieht man vielleicht nicht, dafür muss man sich auf den Weg in die Nossentiner-Schwinzer Heide machen, wo es einige der dunkelsten Flecken Deutschlands gibt (Eskapade #20), aber für den Großen Wagen reicht es allemal.

Tipp: Besonders schön ist diese Tour, wenn man etwa eineinhalb Stunden vor Sonnenuntergang losgeht. Wer auf dem schönen Naturcampingplatz Zwei Seen (www.zweiseen.de) übernachtet, kann auf dem Rückweg gleich sitzen bleiben und die Sterne von den alten Weiden aus beobachten.

Hin & weg: Parken ist überall im Ort möglich. Nach Zislow gelangt man mit dem Bus von Malchow oder Waren.

Beste Zeit: Ganzjährig möglich, am besten im Spätsommer, wenn es nach dem Sonnenuntergang Sternschnuppen hagelt.

Dauer & Strecke: 1–2 Std., 7 km zu Fuß.

Ausrüstung: Badesachen, Decke, Picknickkorb oder Weinflasche.

> FAZIT: EIN ZIEMLICH PERFEKTER ORT, UM IN DEN HIMMEL ZU SCHAUEN, SONNE UND STERNE ZU BEOBACHTEN.

BLAUE PERLEN

 ... nahe Labus- und Langhagensee

Manchmal muss man nach ihnen suchen, immer muss man sich nach ihnen bücken, denn Blaubeeren wachsen sehr nah am Boden, und sie zu sammeln ist wirklich mühsam. Aber echte Schätze waren ja noch nie leicht zu bergen.

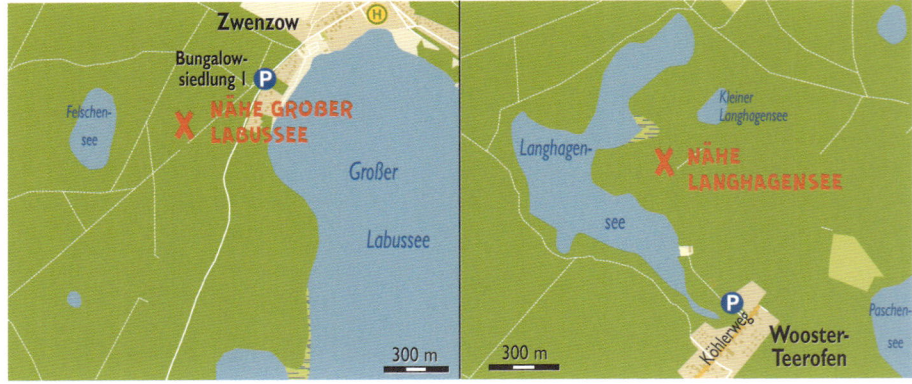

Es ist eine wahre Freude, im Wald Heidelbeeren zu sammeln. Und wie heißt es so schön: »Die Guten ins Töpfchen« oder doch lieber gleich in den Mund?

Die Luft steht vor Hitze, aber im Wald unter den Bäumen ist es kühl und wunderbar still. Es duftet nach Kiefernnadeln, Moos, Pilzen. In guten Jahren zum Platzen dick, schimmern sie dunkelviolett aus dem satten Grün ihrer Sträucher. Man hockt sich mitten hinein und genießt das Aroma der Früchte. Warum einen diese Sammelei nur so glücklich macht? Bestimmt werden hier unsere Urinstinkte aus der Zeit der Jäger und Sammler geweckt.

Mhmm, was für ein Gaumenschmaus! Am leckersten schmecken die Blaubeeren, wenn man sie mit etwas Zucker und anderen Früchten mixt.

Wer einmal die Waldheidelbeere gekostet hat, der vergisst dieses besondere Aroma nicht. Es ist einer dieser Geschmäcker, aus denen Kindheitserinnerungen gemacht sind. Die gezüchteten Varianten der Gärtner können da nicht mithalten. Zudem steckt in ihnen nur ein Zehntel der Vitamin-C-Menge, die sich in den Originalen findet. Falls man immer noch die mahnende Stimme der Eltern wegen des Fuchsbandwurms im Kopf hat – Entwarnung. Mittlerweile weiß man: Nicht Beerensammler, sondern vorwiegend Hundehalter sind gefährdet, sich zu infizieren. Wer trotzdem Angst hat, der wäscht die Beeren gründlich vor dem Verzehr, dann ist man auf der ganz sicheren Seite. Außerdem schafft man es so, wirklich ein paar Früchte mit nach Hause zu bringen. Dort könnte man zum Beispiel einen Heidelbeerauflauf zubereiten.

> **FAZIT: WAS GIBT ES SCHÖNERES, ALS IN EINEM GRÜNEN STRAUCH MIT BLAUEN BEEREN ZU HOCKEN?**

Hin & weg: Sowohl zum Großen Labussee (Parken in Zwenzow) als auch zum Langhagensee kommt man am besten mit dem eigenen Auto.

Beste Zeit: Saisonbeginn ist Juli, mit etwas Glück findet man noch bis Anfang September Blaubeeren in den Wäldern.

Dauer & Strecke: Am besten auf jede Wanderung ohne Erwartungsdruck einfach ein Sammelgefäß mitnehmen. Eigentlich stehen sie überall, nur nicht da, wo man nach ihnen sucht.

Ausrüstung: Appetit, Sammellust, eine flache Schüssel, Glück.

Heidelbeerauflauf (für 4 Personen)

2 Eier
120 g braunen Zucker
250 g Hirse
500 ml Milch
½ TL Muskat
Mark einer Vanilleschote
250 g Blaubeeren
50 g Mandelstifte
200 g Schlagsahne

Zubereitung:
1. *Den Ofen auf 175 Grad vorheizen und die Backform (ca. 20 cm Durchmesser) einfetten.*
2. *Eier und Zucker in einer Schale verrühren. Hirse waschen und mit der Milch in einem Topf aufkochen lassen, Gewürze einrühren, vom Herd nehmen und 10 Minuten quellen lassen. Dann die Eiermischung zugeben, alles gut verrühren und in die Form gießen.*
3. *Die Beeren auf die Hirsemischung geben und mit den Mandelstiften bestreuen.*
4. *Den Auflauf im Ofen eine Stunde lang backen und 10 Minuten auskühlen lassen. Sahne steif schlagen und dazu servieren.*

Guten Appetit!

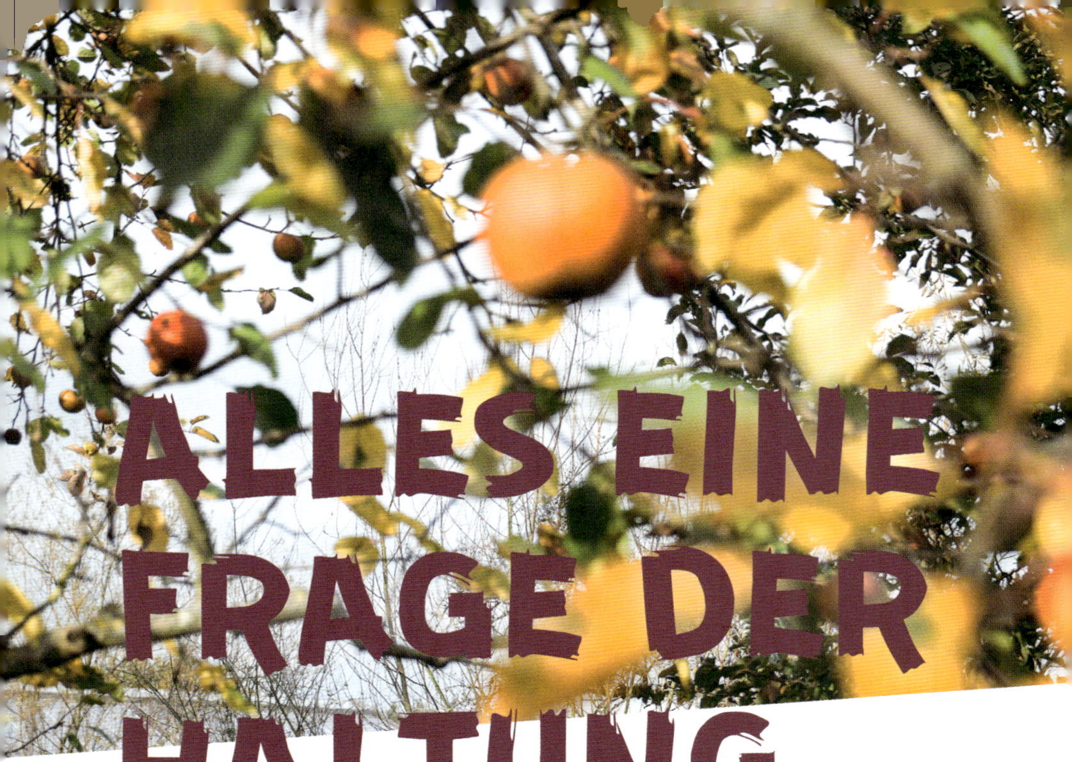

ALLES EINE FRAGE DER HALTUNG

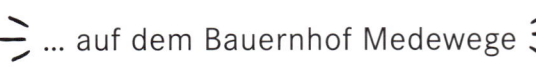

… auf dem Bauernhof Medewege

#16

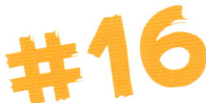

Der Bauernhof Medewege versorgt nicht nur die Bioläden in Schwerin mit Obst, Gemüse und Fleisch. Er ist auch ein wunderbares Ausflugsziel für einen Bauernhofnachmittag mit Pferden, Bienen, Schafen, alten Apfelbäumen und einem leckeren Kaffee.

#issmich #alteApfelsorten #Bullerbü #SolidarischeLandwirtschaft #allesBIO

Der größte Teil der im Hofcafé angebotenen Speisen kommt aus eigenem Anbau.

Schon die kurze Radtour vom Schweriner Hauptbahnhof nach Medewege ist ein erholsames Vergnügen. Mit jeder Radumdrehung wird es blauer, grüner, bunter. Denn es geht raus aus der Stadt, immer schön an den Seeufern entlang, erst am Pfaffenteich, dann am Ziegelsee mit Blick auf die malerischen Bootshäuser gegenüber. Im Sommer gibt es hier eine idyllische Badestelle. Die frische Landluft schafft Landlust.

Am Medeweger See befindet sich das Ziel. Die buckelige Kopfsteinpflasterstraße führt als Sackgasse auf mehrere rotbraune Backsteinbauten zu. Dass das hier ein großes Bul-

lerbü ist, sieht man schon von Weitem. Über 140 Menschen arbeiten auf dem Demeter-Bauernhof Medewege in vielen eigenständigen Betrieben. In der Mitte steht das alte Gutshaus. Es gibt eine Gärtnerei, eine Imkerei, die Mühlenbäckerei, einen Kinderbauernhof, die Reiterei, einen Kulturverein, eine Hofzimmerei und so weiter. Die einzelnen Betriebe des Hofes sind eng miteinander verknüpft, sie beliefern und unterstützen sich gegenseitig. Einfach prima!

Mit Gleichgesinnten naturnah in einer funktionierenden Gemeinschaft kulturvoll leben und arbeiten – das war der Traum der Gründer

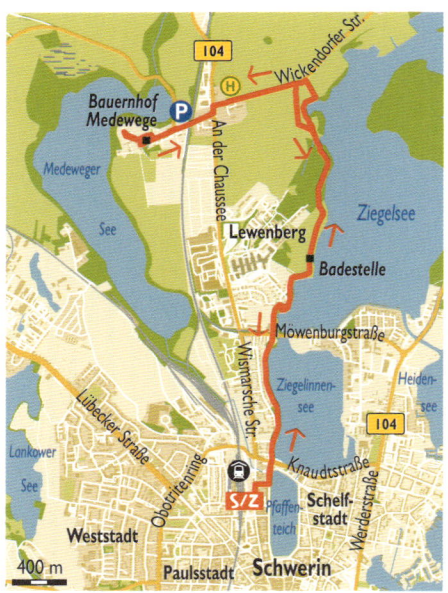

vor 20 Jahren. Sie wollten den Prozess mitge-
stalten, bei dem landwirtschaftliche Produkte
ihren Weg vom Anbau über die Verarbeitung
bis ins Verkaufsregal nehmen. Heute geben
die Bewohner und Mitarbeiter des Hofs viel
davon zurück und weiter. Zum Beispiel mit
den Projekten Kinderbauernhof und Solidari-
sche Landwirtschaft, aber auch bei Hofführ-
rungen und -festen.

Im Stall des Kinderbauernhofs wohnen Schafe, Ziegen, Kaninchen und Hühner. Die Kinder
des angeschlossenen Waldorfkindergartens
kümmern sich um sie. Dabei kann jeder mitmachen, füttern, streicheln und etwas über
die Tiere lernen. Zum Beispiel, dass sich ein
Huhn richtig wohlfühlen muss, es warm und
behaglich braucht, damit es ein Ei legen kann
und will. Was das Kaninchen gern frisst und

Schon einmal Hühner gefüttert? Oder ein Pferd gestriegelt? Auf dem Kinderbauernhof gibt es für die Kleinen viel zu entdecken und auszuprobieren.

wie oft im Jahr ein Schaf geschoren wird. Hinter den Backsteinbauten wird in Gewächshäusern, auf Obstplantagen und Feldern Gemüse und Obst angebaut. Unter den alten Apfelbäumen summt und brummt es in den Bienenstöcken, Kühe stehen auf der Weide und fressen frisches Gras.

Wer Orte mag, an denen es üppig wächst und gedeiht, ist hier genau richtig. Zu klein, zu krumm, zu hässlich – diese Bewertungen gelten nicht. Schön ist, was lecker schmeckt und riecht. Hier und da mal ein wenig auf dem Feld zu naschen, ist bestimmt nicht verboten. Später können die hofeigenen Produkte im Hofladen gekauft – oder noch besser – gleich im Café und Bistro verspeist werden, bevor es wieder auf das Fahrrad und zurück nach Schwerin geht.

FAZIT: EIN WUNDERVOLLER ORT ZUM MITMACHEN UND ANBEIßEN.

Hin & weg: Anreise mit der Bahn oder dem Bus nach Schwerin. Parkplätze gibt es auch direkt am Hof.

Beste Zeit: März bis Oktober.

Dauer & Strecke: 3–4 Stunden (inkl. einer langen Pause), 10 km mit dem Rad.

Ausrüstung: Fahrrad, Appetit.

IM NEBEL UM DEN NEBEL

 ... Wanderung um den Nebelsee

Ein idyllischer See, von altem Buchenwald umgeben, mal breit, mal schmal, eine schöne Badestelle und genau die richtige Größe für einen entspannten Spaziergang um den See herum. Was will man mehr?

Zum Abschluss der Wanderung in den See springen? Eigentlich mag man die spiegelglatte Oberfläche des Sees gar nicht durchbrechen.

Wer denn wohl schon alles in dem See mit dem schönen Namen Nebel gebadet haben mag? Auf jeden Fall Max Schmeling, der Bo-

xer. Der kam gern hierher zum Jagen und ist bestimmt nach einer wilden Pirsch ins kühle Wasser gesprungen. Franz Fühmann bestimmt. Erich Honecker vielleicht? Der ging ja auch gern jagen, und der seltsame Knick in der A19, die um sein privates See- und Jagdgrundstück am Drewitzer See gebaut wurde, ist gar nicht so weit weg.

Ganz sicher aber die Menschen aus Krümmel, Lärz, Priborn, Buchholz, Vipperow und Rechlin. Denn obwohl es hier in der Gegend von Seen nur so wimmelt, ist keine Badestelle so lauschig, kinderfreundlich, mit einem kleinen Sandstrand, wunderbar nach Westen ausgerichtet und unter alten Schatten spendenden Eichen gelegen wie diese hier am nordöstlichen Ufer des Nebelsees.

Nach einer nebligen Seeumrundung erholt man sich am besten am Kamin der Jurte von Jakob und Johanna in der Gemeinde Lärz.

Von Krümmel aus an der Kirche vorbei gelangt man nach etwa einem Kilometer Spaziergang durch den Wald zu dieser schönen Badestelle. Nun kann man ganz nach Belieben links oder rechts herum um den See spazieren. Am nordwestlichen Ufer ist der Weg ganz schmal, nur ein Pfad, der sich auf dem Waldboden durch das Uferdickicht windet. Der See verengt sich immer mehr, bevor sich die Ufer kurz vor dem südlichsten Punkt an einer Stelle fast zu berühren scheinen.

Auf dem kurzen Stück Straße bis zum See-hotel Ichlim befindet man sich für ein paar Minuten in Brandenburg, denn direkt am See-ufer verläuft die Ländergrenze. Dann geht es auf der anderen, etwas belebteren östlichen Uferseite vorbei an Bootshäusern und am kleinen Dorf Ablage Nebelsee wieder zurück in Richtung Badestrand.

Etwas wirklich Besonderes ist es, den Nebel-see im Nebel zu umrunden. Klar kann man das im Grunde mit jedem See machen. Es hier zu tun ist wie die Prise Salz in der Suppe. Aber Vorsicht: Zumindest wer es allein wagt, braucht starke Nerven, denn die alten Buchen verwandeln sich im Nebel zu gewaltigen

Monstern, und selbst weniger krimiaffinen Menschen fällt ein Mordfall nach dem anderen ein. Dieser Steg hier sieht doch aus wie angesägt! Und hat es nicht eben dahinten seltsam geknackt?

Tipp: Ganz in der Nähe, in Lärz, kann man in einer echten mongolischen Jurte nächtigen. Wer sich von der Gruseltour am warmen Kamin mit Blick auf die im Dämmerungsnebel verschwindenden Wiesen erholen möchte, kann gleich ein ganzes Herbstwochenende daraus machen (www.jacobjohanna.com).

Hin & weg: Parkplatz an der Seebadestelle. Nach Krümmel gelangt man mit dem Bus 025 ab Mirow. Von der Bushaltestelle bis zur Badestelle sind es ca. 2 km.

Beste Zeit: Das ganze Jahr über schön.

Dauer & Strecke: 4–5 Stunden, 13 km zu Fuß.

Ausrüstung: Badesachen, Proviant, Kompass.

FAZIT: NATURERLEBNIS FÜR ALLE SINNE MIT GÄNSEHAUTGARANTIE.

KOMMT EIN VOGEL GEFLOGEN

⇒ ... bei den Kranichen im Müritz-Nationalpark ⇐

Das ist nicht nur etwas für Hobbyornithologen! Wenn sich im Frühjahr und Herbst Tausende Kraniche am Rederangsee im Müritz-Nationalpark vor oder nach einer weiten Reise treffen, gelangen Besucher in den Genuss eines ganz besonderen Klang- und Naturerlebnisses.

#Naturpur #Dämmerungdauert #Riesenvogel #Fernglasnichtvergessen

Ein unvergessliches Dämmerungs-
erlebnis: Mit der aufgehenden Sonne
erwachen auch die Kraniche.

Zahlreiche Lichter von Taschenlampen tän-
zeln auf dem Parkplatz vor der Nationalpark-
Information in Federow. Ungefähr ein Dutzend tapferer Frühaufsteher hat es zu dieser
ungewöhnlichen Verabredung morgens um
5.30 Uhr geschafft. Eine Nachtwanderung ist
angesagt, der Himmel hat noch keinerlei
Zeichnung, die Dämmerung wird noch eine
Weile auf sich warten lassen.

Etwa zwei Kilometer sind es auf einem breiten
Weg, zunächst über ein Feld, später durch
den Wald, immer unter dem klaren Sternenhimmel bis zur Kranich-Beobachtungsstation
am Rederangsee. Der Spaziergang durch die

Stille der Nacht macht einen munter und ist
eine fantastische Einstimmung auf das Ziel
dieser faszinierenden Reise.

Es gibt Kraniche zu sehen. Die Vögel des
Glücks werden sie genannt, weil sie im Frühling mit ihren lauten Rufen vom Ende des
Winters, von Wärme, Licht und Nahrungsfülle
künden. Ihre trompetenartigen Rufe hört man
im Frühling und Herbst überall im Bundesland
Mecklenburg-Vorpommern. Ein Grund, kurz
innezuhalten und den Blick gen Himmel zu
richten. Normalerweise sind sie in einer Höhe
von rund 2000 Metern unterwegs, heute
werden sie ganz nah sein.

Weil die Kraniche sehr empfindlich auf Lärm, blinkende und blitzende Gegenstände reagieren, weisen die Ranger streng in die Verhaltensregeln auf der Beobachtungsstation ein. Kameras sind nur ohne Blitzlicht erlaubt, nur leise Unterhaltungen dürfen geführt werden, und die Beobachtungsstation darf nicht betreten und verlassen werden, bis die Vögel abgeflogen sind. Dass sie da sind, ist sicher, denn sie sind am Vorabend in großer Zahl eingeflogen. Die Zeit kriecht vor sich hin und die Kälte in die Knochen. Doch am Ende wird man sich besonders gern und stark an diese Dämmerung erinnern, der man in voller Länge und Langsamkeit zugeschaut hat.

Und nun endlich sind sie zu sehen. Die Kraniche stehen in großen Gruppen im Wasser, den Kopf unter den Flügeln. Sie schlafen noch! Im Wasser stehend, sind die größten flugfähigen Vögel unseres Planeten am besten vor Feinden geschützt. Als ein prächtiger Hirsch ans Ufer tritt, erheben sich die ersten Kraniche mit ihren lauten Rufen in die Luft. Sie formieren sich V-förmig und fliegen direkt über die Beobachtungsstation.

Dann erwacht das Leben überall. Mit der Ruhe ist es auch auf der Station vorbei: Die Kameras klicken, und die Besucher tuscheln beeindruckt. Leichter Nebel wabert über den See, und endlich erwärmen die ersten Sonnenstrahlen die Luft. Unter den Augen der letzten abfliegenden Kraniche verlassen alle die Station. Hoffentlich geht auf dem Heimweg alles gut, denn die Kraniche waren, wie im Falle des Ibykus, schon öfter heimliche Zeugen unguter Begebenheiten.

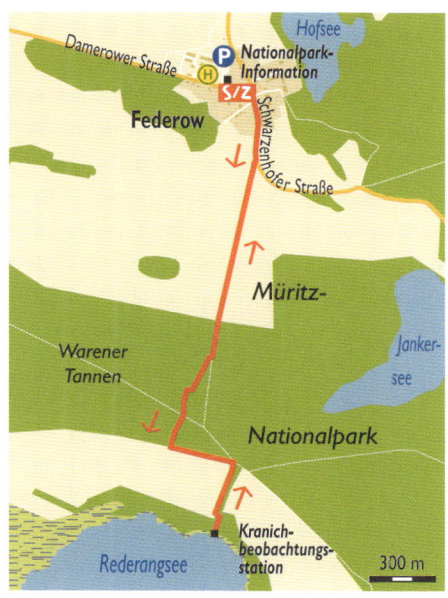

Wenn die imposanten Vögel des Glücks sich lautstark über der Beobachtungsstation erheben, bleibt kein Herz unberührt. Und man versucht, den Moment festzuhalten – wie auch immer.

FAZIT: BEI DER KRANICHRAST GIBT ES VIEL ZU SEHEN, ABER NOCH MEHR ZU HÖREN. OHREN AUFGESPERRT!

Hin & weg: Anreise nach Federow mit dem Bus 008 von Waren Richtung Klockow oder mit dem eigenen Auto (Parkplatz hinter der Nationalpark-Information). Am besten sucht man sich ganz in der Nähe ein Quartier.

Beste Zeit: Mitte März bis Anfang April, September und Oktober. Nur in den ersten beiden Oktoberwochen ist morgens ein Ranger mit dabei, die Führung ist kostenfrei. Abends dagegen muss man in der Hauptsaison der Kraniche ein Kranichticket buchen (www.nationalpark-service.de).

Dauer & Strecke: 3–4 Std., 5 km zu Fuß.

Ausrüstung: Taschenlampe, Fernglas, warme Jacke, Decke, Kamera und Teleobjektiv.

LEISE PLÄTSCHERT DER SEE

 ... Wasserwandern in den Seen bei Granzin

#19

Die Hirsche röhren im Wald, und die Kraniche stoßen in der Luft ihre markanten Schreie aus. Und doch findet man in Deutschland kaum eine unberührtere, stillere Landschaft als die Wasserwege im Herzen des Müritz-Nationalparks rund um Granzin.

#Naturpur #Paddeltour #Reusenrätsel #bestePizza

Seen über Seen: Rund um Granzin
erlebt man eine einzigartige
Naturlandschaft.

Nur mitten in der Hochsaison ist hier einiges los. Denn die Seen im Nationalpark bieten alles, was ein Wasserwandererherz sich erträumt. Abwechslungsreiche Routen, die mal durch schmale, wilde Kanäle führen, sich dann wieder weit öffnen und den Blick auf herrliche kleine und große Seen, Inseln und schilfgedeckte Bootshäuser freigeben.

Manche kommen auch extra wegen der längsten existierenden Schienenumtrage hierher. Vor dem Jahr 1989 wurden an dieser sehr flachen Kanalverbindung zwischen der Granziner Mühle und dem Pagelsee die Boote einfach durch das Wasser getreidelt (gezogen). Da das aber weder für die Fische noch für den Kanalbodenbewuchs wirklich gut war, wurde schließlich auf 700 Meter Länge eine Lorenbahn gebaut.

Vom Bootsverleih Kormoran in Granzin aus ist fast alles möglich: einfache, kurze Touren in zwei Richtungen, Ganz- oder Mehrtagestouren für fortgeschrittene Paddler mit Abhol-

In den einsamen Kanälen in der Nähe der Havelquellseen fühlt man sich ein bisschen wie am Ende der Welt.

möglichkeit am Ende. Die ganz große Runde bis Wesenberg oder Neustrelitz kann man in zwei bis drei Tagen schaffen (Eskapade #50). Das Kormoran-Team findet für absolut jeden die passende Tour.

Die Stille der Seen und die Unberührtheit der Natur kommen nicht von allein. Das Paddeln im Nationalpark hat seine eigenen Regeln. So darf nicht überall angelegt werden, wo es nach einer perfekten Picknickstelle aussieht. Die Wasserwanderkarten vom Bootsverleih weisen die Stellen aus, an denen es erlaubt ist; viele sind es nicht. Zelten und offenes Feuer sind streng verboten.

Hin & weg: Gegenüber dem Kanuverleih Kormoran gibt es einen Parkplatz. Der Regionalexpress fährt von Waren nach Kratzeburg, von dort geht es weiter mit dem Bus 680 nach Granzin Gaststätte.

Beste Zeit: April bis Oktober.

Dauer & Strecke: Mindestens einen halben bis einen ganzen Tag, ca. 11 km mit dem Boot.

Ausrüstung: Boot, Picknick, Käscher, Sonnenhut, Sonnencreme, Badesachen (www.kormoran-kanu touring.de).

Im Havelkrug gibt es die beste Pizza der Seenplatte. Hier treffen sich Radler und Natur liebende Wasserwanderer.

Hier begegnet einem garantiert kein einziges Motorboot. Dafür umso mehr Tiere: Rehe und Hirsche, die ihren Durst am Seeufer stillen, Vögel, die im Schilf brüten, und im Herbst die beeindruckenden Kraniche, die sich an den Seeufern schnatternd und krächzend sammeln, um dann gemeinsam in wärmere Gefilde aufzubrechen. Auch Fische gibt es viele: Forellen, Zander und Makrele. Überall in der Gegend gibt es leckeren geräucherten Fisch zu kaufen. Da kommt beim Anblick der vielen Reusen unterwegs eine Frage auf. Ist das Fischen in Reusen nachhaltig, und wie funktioniert es eigentlich?

Zurück beim Bootsverleih, gibt es einen, der es weiß: Die Fische schwimmen in Fließrichtung und treffen auf ein Netz, an dem es nicht weitergeht. Sie schwimmen in eine Trichterkonstruktion, das Netz wird immer enger und

endet in einer Art Sack. Diesen zieht der Fischer dann in sein Boot und entleert ihn. Die zu kleinen, nicht erlaubten oder nicht gewollten Fische, also der Beifang, gehen unversehrt zurück in den See.

Im Havelkrug gleich neben dem Bootsverleih werden vorzügliche Fischgerichte serviert. Doch das italienische Restaurant ist auch bekannt für die beste Pizza weit und breit. Sie kommt frisch aus dem Holzofen und verträgt sich bestens mit der nicht minder köstlichen Pannacotta. Guten Appetit!

FAZIT: PADDELTOUR IN AUSSERORDENTLICH SCHÖNER UND ABWECHSLUNGSREICHER LANDSCHAFT UND DIE BESTE PIZZA DER GANZEN SEENPLATTE.

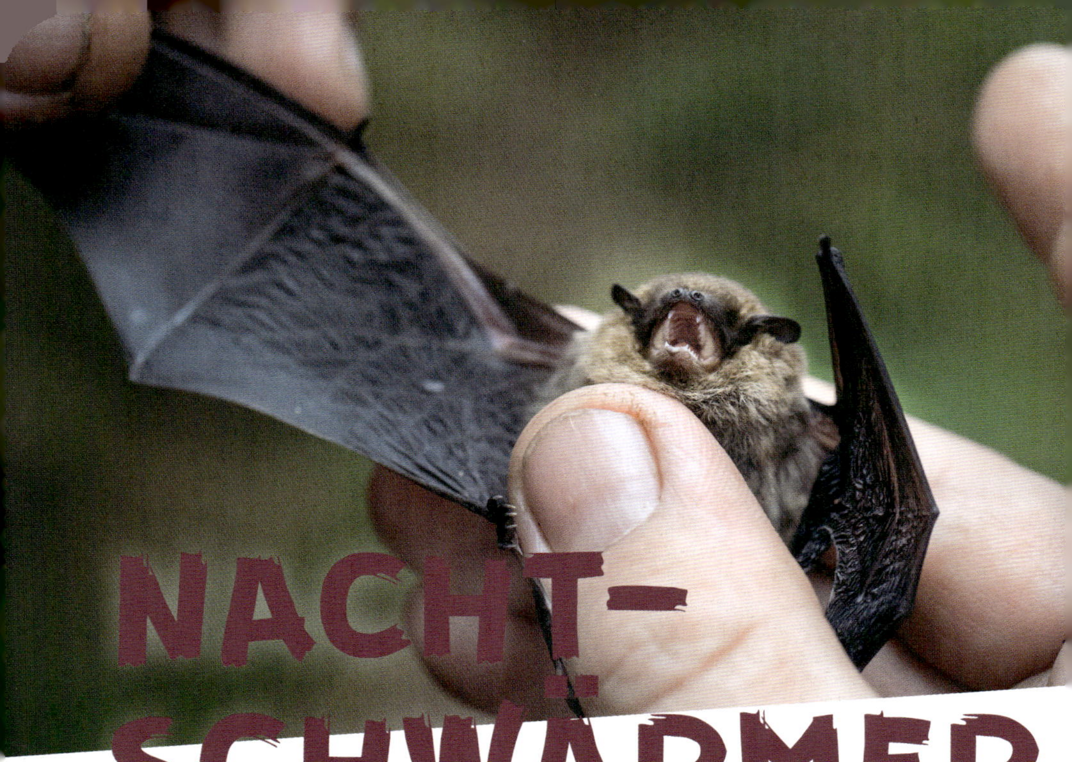

NACHT-SCHWÄRMER

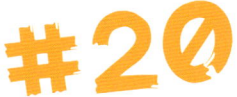

… in der Nossentiner/Schwinzer Heide

#20

So finster wie in der Nossentiner/ Schwinzer Heide wird es in Deutschland nicht an vielen Orten. Kein Wunder, dass die Menschen ihre Blicke gern gen Himmel richten. Auch die faszinierenden Fledermäuse lieben diese Dunkelheit und finden in verlassenen DDR-Polizeibunkern ein gemütliches Winterquartier.

#Bunkermalnützlich #Fledermaus #battrail #Herzschlag #Sternengucker

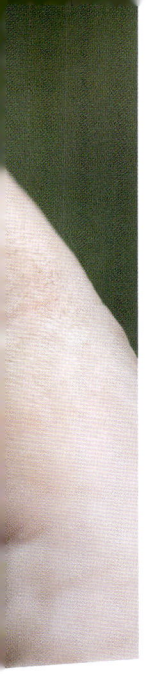

An einem der dunkelsten Orte
Deutschlands gibt es etwas zu sehen.
Was für ein Sternenhimmel!

Da, wo heute der Fledermauspfad in den Wald bei Bossow führt, stand zu DDR-Zeiten ein doppelt gesicherter Zaun. Wachhunde liefen herum, und man wunderte sich, was da im Wald wohl verborgen sein würde. Das große Geheimnis entpuppte sich nach der Wende als recht unspektakulär: Die Polizei lagerte Material in 20 Bunkern im Wald.

Heute gehen in diesen Bunkern Wissenschaftler der Universität Greifswald sowie Natur-führer des Naturparks Nossentiner/Schwinzer Heide ein und aus. Denn die finsteren Zweckbauten bieten Fledermäusen Schutz vor Kälte. Von den über 1000 Fledermaus-arten weltweit leben 17 in Mecklenburg. Im Naturpark konnten bisher neun Arten festge-stellt werden. Zum Beispiel die Zwergfleder-maus, die ähnlich winzige Mückenfledermaus oder das große Mausohr. Perfektes Gelände, um das Verhalten der streng geschützten und stark bedrohten Tiere zu erforschen.

Wissenschaftler der Universität Greifswald erklären die Schutzfunktion der Bunker im Naturpark Nossentiner/Schwinzer Heide für die Fledermäuse.

kaum natürliche Rückzugsorte. So hängen sie schon seit vielen Jahrhunderten in den Dachstühlen von Kirchen oder alten Bauernhäusern und neuerdings auch in Bunkern.

Die nachtaktiven Fledermäuse sind faszinierende Wesen. Als einzige Säugetiere außer den Flughunden können sie richtig fliegen. Ihre Flügel steuern sie sehr flexibel, was sie zu ausgezeichneten Jägern macht. Und die müssen sie auch sein, denn mit 700–1000 Herzschlägen pro Minute ist ihr Energieverbrauch enorm hoch. Ihr täglicher Nahrungsbedarf entspricht in etwa einem Drittel ihres eigenen Körpergewichtes! Bei der Mückenfledermaus sind das gut 1200 Mücken pro Tag. In Ruhephasen und während des Winterschlafes, wenn sie keine Nahrung finden, senken sie ihre Körpertemperatur ab, und die Herzfrequenz reduziert sich auf bis zu zwölf Schläge pro Minute.

In der Natur überwintern die Fledermäuse in Baumhöhlen, die sich in über 120 Jahre alten Kiefern durch Astausbrüche und Spechtlöcher bilden. Da die allermeisten Kiefern aber mit 80 Jahren gefällt werden, gibt es

Tipp: Den Fledermausrundweg mit seinen vielen interessanten Stationen kann man sich

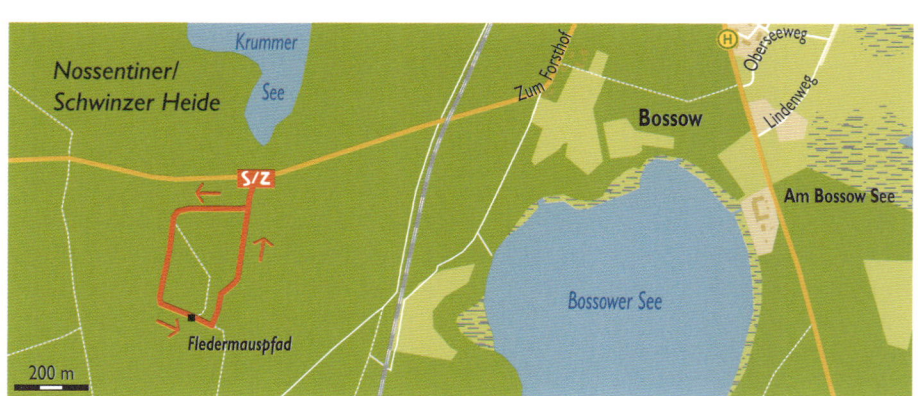

Weil die Bäume nicht mehr alt genug werden, um natürliche Schutzhöhlen für die Fledermäuse ausbilden zu können, helfen die Naturschützer mit künstlichen Höhlen nach.

gut allein erschließen. Richtig spannend wird es jedoch, wenn man an einer der kostenfreien Naturparkführungen teilnimmt. Außerhalb der Winterruhe kann man dann in die Bunker hinein und zum Beispiel spielerisch nachempfinden, wie sich eine Fledermaus mithilfe von Ultraschall orientiert.

Übrigens: Der Mensch orientierte sich lange Zeit vor allem an den Sternen. Wenn es Nacht geworden ist und die Fledermäuse jagen, kann man in der Nossentiner/Schwinzer Heide die Sterne besonders gut sehen. Denn die wenigen im Naturpark lebenden Menschen verursachen kaum künstliches Licht. Das macht die Gegend zu einem der dunkelsten Orte Deutschlands. Die Bewerbung für den Titel »Sternenpark« läuft, eine Ent-

scheidung steht noch aus. Dunkel genug für einen fantastischen Sternenhimmel ist es auch schon jetzt. Also Kopf hoch!

FAZIT: PARADIESISCHES NIEMANDSLAND FÜR STERNENGUCKER UND GROßE UND KLEINE FLEDERMAUSFANS.

Hin & weg: Die Buslinie 735 fährt von Plau am See über Bossow nach Krakow am See. Allerdings ist die Haltestelle etwa 2 km vom Fledermauspfad entfernt.

Beste Zeit: Ganzjährig möglich.

Dauer: 1–2 Std.

Ausrüstung: Taschenlampe.

2. KAPITEL
AUSFLÜGE

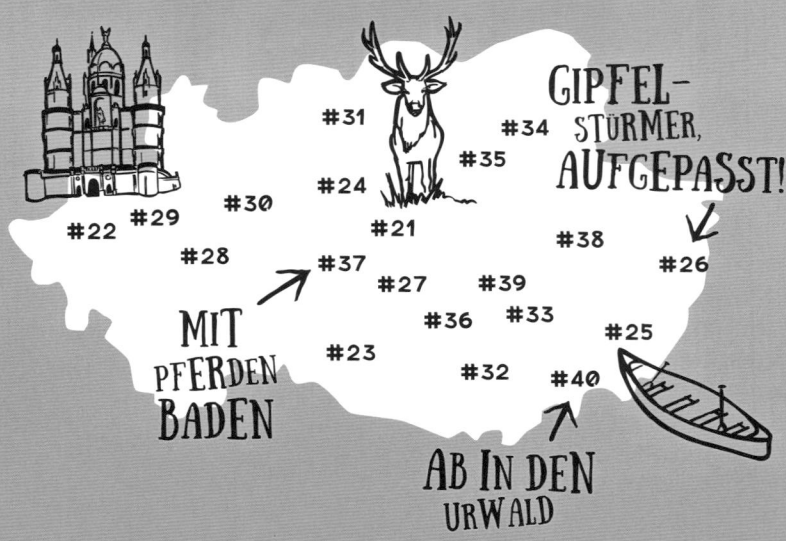

GIPFEL-
STÜRMER,
AUFGEPASST!

#31
#34
#35
#24
#30
#21
#38
#22 #29
#28
#37
#26
#27 #39
#36 #33
#25
MIT
PFERDEN
BADEN
#23
#32
#40
AB IN DEN
URWALD

Raus für einen Tag

Hinaus ins Grüne oder Blaue! Ob Wandern, Radeln, Reiten oder die Natur vom Boot aus genießen – für jede Laune und jedes Wetter ist hier etwas dabei.

12 H

WALDBADEN MIT KLICK

≳ ... fotografische Umrundung des Langhagensees ≲

#21

Ein schmaler Pfad schlängelt sich durch duftenden Kiefernwald, immer ganz dicht am See entlang. Monokultur gibt's hier nicht, der Weg führt unter dem hellgrünen Blätterdach junger Eichen zu uralten Buchen, einem lichten Birkenwäldchen und einem Moor. Die Bäume sind zum Umarmen schön und fotogen!

Wer sich auf dieser Wanderung auf die Bäume konzentriert, wird überrascht sein, wie artenreich und fotogen der Wald auf so einem kurzen Wegstück sein kann.

Wooster Teerofen heißt die Siedlung am Rande der Nossentiner/Schwinzer Heide. Klingt, als wäre hier ein verrückt gewordener

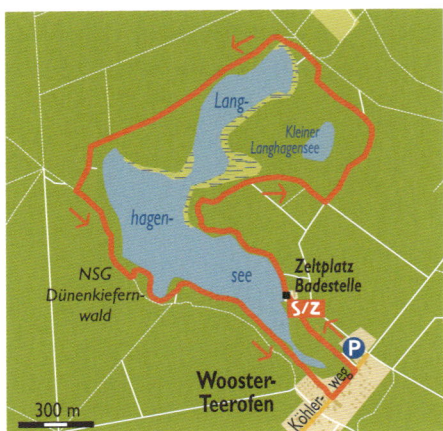

Teerofen explodiert und hätte eine ganze Siedlung unter sich begraben. Die Wanderung beginnt an der schönen Zeltplatz-Badestelle des Sees und führt durch eine Lücke im Zaun zunächst an der Ostseite des Sees entlang.

Tatsächlich hat man hier in Wooster Teerofen früher durch Verschwelung harzhaltigen Holzes Teer, Pech, Essig und Holzkohle hergestellt. Ziemlich wüst ging es zumindest während der Ära der DDR zu. Panzer gruben sich durch die Sandwege, auf denen das Dorf mehr schlecht als recht zu erreichen war. Am nördlichen Ende des Langhagensees fuhren sie dann in den See und testeten den Ernstfall im Wasser. Heute zeugen davon noch die seltsamen panzergroßen Nischen im Waldboden, denen man auf dieser kurzweiligen Wande-

Ziegen im Wald? Hier pflegt man die Tradition der Waldweide, die es in dieser Region bereits seit über 5500 Jahren gibt.

rung immer wieder begegnet, und Schilder, die Teile des Waldes als Militärgebiet ausweisen – Durchwanderung erlaubt.

Was ist das hier eigentlich? Ein Holzkunstatelier oder eine Galerie? Beides! Nur dass der Künstler Natur heißt und die Galerie Wald. Grandios. Am besten ein paar Fotos machen. Alternativ kann man den Wald einfach nur genießen. »Waldbaden« heißt das neuerdings. Und die Lifestylemagazine erklären, wie man es macht und was man davon hat. Das ist ein bisschen zum Schmunzeln und trotzdem interessant. Zum Beispiel die Sache mit den Terpenen. Das sind chemische Verbindungen, die von den Pflanzen an die Luft abgegeben werden, um vor Schädlingen und Angreifern zu warnen. Diese stimulieren das Immunsystem, nicht nur das pflanzliche – wie man denken könnte –, sondern auch das menschliche. Nach einem Waldspaziergang haben wir nachweislich 50 Prozent mehr weiße Blutkörperchen gebildet als davor!

Auf der westlichen Seeseite wiegen sich Birken im Wind, sie gehören zum Naturschutzgebiet Dünenkiefernwald. Gar nicht weit entfernt hört man einige Ziegen meckern und Schafe blöken, ganz plötzlich tauchen sie im Wald auf. Das Gebiet dient dem Erhalt einer uralten Weideform, die schon in der Jungsteinzeit, also 3500 Jahre vor Christus, praktiziert wurde. Die Tiere fanden in Eicheln, Bucheckern und Jungbaumverbiss ausreichend Nahrung, und der Wald verwandelte sich nach und nach in eine parkähnliche Landschaft. Am Langhagensee praktiziert man

die auch »Hutung« genannte historische Waldweideform bis heute.

Dort, wo der See zu einer langen schmalen Südspitze ausläuft, befindet sich ein Moor, und die Wanderung endet hier. Wer eine Erfrischung braucht, springt am Zeltplatz noch einmal in den See.

FAZIT: VON PANZERN, SCHAFEN IM WALD UND EINER GANZ BESONDERS FOTOGENEN AUSSTELLUNG.

Hin & weg: Sehr abgelegen, Anreise mit dem eigenen Auto. Parken ist überall im Ort möglich.

Beste Zeit: Zu jeder Jahreszeit möglich.

Dauer & Strecke: Ein halber bis ganzer Tag, 6 km.

Ausrüstung: Kamera.

BOHEMIENS
& BOMBEN

>⁐ ... mit dem Fahrrad zum Sonntagscafé Drispeth ⁐<

#22

Künstler, Attentäter, Helden – alles Vergangenheit. Was bleibt, sind ein verwunschenes Schloss, ein altes Moor und das schönste Gartencafé im Umkreis von 100 Kilometern auf dieser Radpartie im Schweriner Seenland.

Zwischen Mai und September öffnet dieser Traumgarten als Café jeden Sonntag seine Pforten.

Schon nach wenigen Kilometern verschluckt einen die Natur. Die beschauliche Landeshauptstadt ist schnell in weite Ferne gerückt. Die Perlenkette der Schweriner Seen fädelt sich nach Norden, auf Wegweiser muss man nicht achten, es geht immer am Seeufer entlang. Am Hof Medewege (Eskapade #16) vorbei führt der Weg am Westufer des Schweriner Außensees bis nach Schloss Wiligrad.

Dieser eindrucksvolle Neurenaissancebau wurde während der DDR-Zeit zunächst als Parteischule, später als Ausbildungsstätte der Polizei genutzt. Schießstände, Bunkerhügel,

unsensibel platzierte Wohnblöcke und andere Zweckbauten durchzogen den ehemals herrlichen Park. Es ist immer wieder dieselbe Geschichte. Die Mecklenburgischen Schlösser überdauern die Jahrhunderte irgendwie. Schaut man näher hin, erfährt man, welcher Kraftanstrengungen es bedarf, die in Krisenzeiten und durch Misswirtschaft schnell zugefügten Schäden wieder zu beseitigen. Ehre gebührt den engagierten Schlossherren.

Am Seeufer entlang geht es weiter bis zum Bahnhof von Bad Kleinen. Unmittelbar da, wo sich im Jahr 1993 das Drama der missglück-

ten Festnahme des ehemaligen RAF-Terroris-
ten Wolfgang Grams ereignete, biegen wir ab
und lassen die bis heute nicht gänzlich auf-
geklärte Geschichte mit tödlichem Ausgang
rechts liegen.

Durch den Wald am Rommelberg führt der
Weg weiter nach Drispeth. Das »Worpswede
des Ostens« wurde der Verbund der umliegenden Dörfer mit Zickhusen und Neu Meteln
in den 1970er-Jahren genannt. Christa und
Gerhard Wolf, Helga Schubert und zahlreiche
andere Intellektuelle und Künstler der DDR
lebten hier und schufen sich eine Oase jen-
seits staatlicher Überwachung – so schien
es ihnen jedenfalls. Die Autorin Christa Wolf
hat ihre Erinnerungen über das Leben in
der Kolonie in ihrem Buch »Sommerstück«
niedergeschrieben.

Die schöne Radrundtour, ausgehend von Schwerin, zum Gartencafé Sonntagsgrün und wieder zurück führt fast die Hälfte der Strecke am Schweriner See entlang.

Während die Künstler nach der Wende fast alle wegzogen, liegen die Dörfer noch immer verträumt am Rande des Nirgendwo. Hier betreibt Familie Schöttke-Penke ein Sonntagscafé in einem Garten, der gleichfalls ein Kunstwerk genannt werden darf. Von tief wurzelnder Liebe der Gärtner spricht jeder Zentimeter dieses Paradieses. Jeden Sonntagnachmittag von Mai bis September öffnet sich die Gartenpforte.

Der Rückweg nach Schwerin führt durch das Hinterland nach Klein Trebbow. Der dortige Park mit alten exotischen Bäumen, dem rot-weiß leuchtenden Herrenhaus und einem kleinen Teehaus direkt am See ist ein geschichtsträchtiger Ort. Hier trafen sich Ostern 1944 Fritz-Dietlof Graf von der Schulenburg und Claus Schenk Graf von Stauffenberg.

Bei langen Spaziergängen durch den Park und im Teehaus schmiedeten sie ihre Attentatspläne auf Adolf Hitler.

FAZIT: HINTER JEDER ECKE LAUERT DIE VERGANGENHEIT.

Hin & Weg: Anreise mit der Bahn, dem Bus oder dem Auto nach Schwerin. Ein Parkplatz befindet sich auf der Rückseite des Bahnhofs, oder man parkt im »Stadthaus«.

Beste Zeit: Mai bis September, wenn das Gartencafé Sonntagsgrün (immer sonntags) geöffnet hat. Öffnungszeiten unter www.sonntagsgruen.de

Dauer & Strecke: 5–7 Std., 45 km mit dem Rad.

Ausrüstung: »Sommerstück« von Christa Wolf.

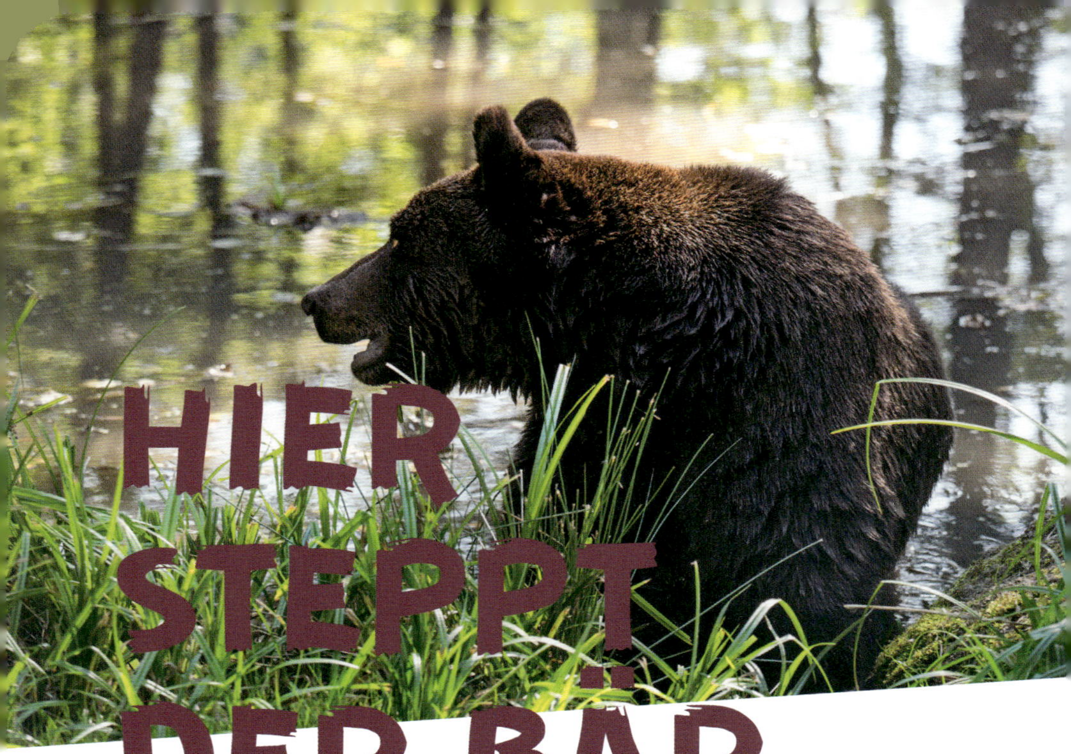

HIER STEPPT DER BÄR

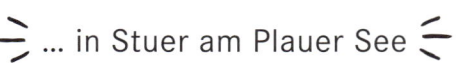

... in Stuer am Plauer See

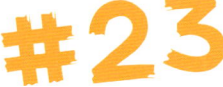

#23

Am Südzipfel des Plauer Sees genoss man einst die gute Luft in Bad Stuer. Heute erholen sich ganz in der Nähe früher nicht artgerecht gehaltene Bären von ihrem Vorleben. Nach einem Besuch bei ihnen wandert man zur alten Burgruine bei Stuer Vorwerk.

#WassertrifftLuft #einstigesHeilbad #Bärenresort #Burgruine

Schon im 19. Jahrhundert genossen Badegäste die gute Luft und das gesunde Quellwasser bei Bad Stuer.

Das, was Bad Stuer so besonders macht, ist seine einzigartige Lage. Am Plauer See, von alten Bäumen geschützt, liegt der Ort recht privilegiert. Außerdem sprudelten hier Quellen, was Bad Stuer einen mondänen Heilbadbetrieb bescherte. Den gibt es seit Ausbruch des Ersten Weltkrieges nicht mehr, aber Luft und Wasserqualität haben sich nicht verändert. Vom ehemaligen Kurbetrieb zeugen heute immerhin noch ein paar vereinzelt stehende Villen. Und so kann man wie damals durch die eigens angelegten Buchen- und Eichenalleen spazieren und bei der schönen Badestelle im klaren Plauer See baden.

Gegenüber vom Hotel Stuersche Hintermühle führt ein schmaler Waldweg zum Tal der Eisvögel. Hier gibt es alles, was der berühmte Schönling in Blau zum Leben und Brüten braucht. Ein Bächlein mit Fischen und eine Lehmwand in der Sonne, in der er, gut geschützt vor Feinden, seinen Nachwuchs aufziehen kann. Aber der Vogel ist scheu, daher bekommt man ihn nur selten zu Gesicht. Der

Das schillernde Aussehen des Eisvogels dient seiner Tarnung: Die orangefarbene Unterseite lässt ihn auf einem Baum sitzend kaum auffallen, während die türkisfarbende Oberseite mit der Farbe des Wassers verschmilzt.

schmale Weg entlang des leise plätschernden Bachlaufs lohnt wegen seiner Abgeschiedenheit und Ruhe trotzdem.

Er führt zum Hintereingang des Bärenwaldes Müritz, wo man bei Mützes Fischimbiss ein Ticket für Westeuropas größtes Bärenschutzzentrum kaufen kann. Hier finden auf 16 Hektar Gelände vernachlässigte und nicht artgerecht gehaltene Bären ein zweites Zuhause. Sie wurden von der Tierschutzorganisation »Vier Pfoten« aus Zoos, Zirkussen und Privathäusern befreit. Die in Gefangenschaft aufgewachsenen Bären können nicht wieder ausgewildert werden, zu sehr sind ihre natürlichen Instinkte gestört. Einige von ihnen haben nie zuvor Natur gesehen und erlebt. Im Bärenwald hat jeder Bär zirka fünf Quadratkilome-

ter Fläche für sich. Das ist fast nichts im Vergleich zu den Weiten Alaskas, wo das Revier eines Bären bis zu 700 Quadratkilometer groß sein kann. Die Lebensqualität der Bären aber ändert sich enorm, Schritt für Schritt reaktivieren sie mithilfe der Pfleger ihre Urinstinkte. Gleichzeitig haben sie genug Raum, sich vor den Besuchern des Parks zu verstecken. Dennoch kommt man den braunen Riesen hier so nah wie nirgendwo sonst.

Der Weg führt weiter über den Hauptort Stuer, am Wegesrand liegt das ehemalige und liebevoll restaurierte Gutshaus mit den Gutsarbeiterkaten. Vorbei am Vogelschutzgebiet Stuersches Flachseebecken führt der Weg über den Ortsteil Vorwerk auf einer Eschenallee entlang direkt zur Burgruine. Die Burg, ehe-

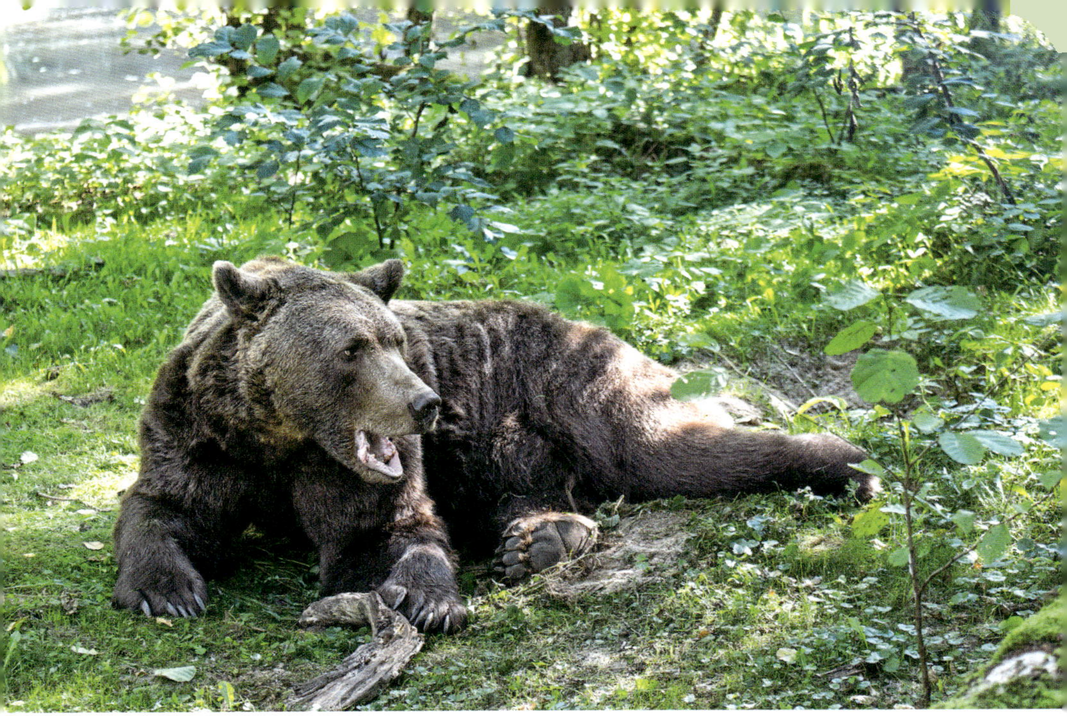

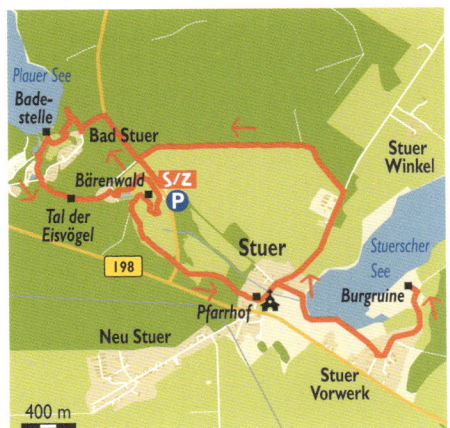

Viele Bären, die in Bad Stuer eine zweite Heimat finden, hatten in ihrem Vorleben keinerlei Kontakt zur Natur: Weder haben sie zuvor je einen Waldboden berührt, noch sind sie selbst auf die Jagd gegangen.

mals Stammsitz der Familie von Flotow, wurde in der Mitte des 14. Jahrhunderts erbaut und 1660 durch einen Brand zerstört.

Zurück führt der Weg über Stuer und dann in einem weiten Bogen an Waldrand und Feldern entlang zum Parkplatz am Bärenwald.

FAZIT: BÄRENSTARKE WANDERUNG MIT BADESTELLE, BURGRUINE UND EISVOGEL-DOMIZIL.

Hin & weg: Anreise am besten mit dem eigenen Auto. In der Hauptsaison (Mai bis Ende August) fährt der Rundbus von Plau am See.

Beste Zeit: Ganzjährig möglich.

Dauer & Strecke: 5–7 Std., 13 km zu Fuß.

Ausrüstung: Fernglas für die Beobachtung von Eisvögeln und Bären.

RADELN IN REUTERS PARADIES

⤸ ... mit dem Fahrrad um den Krakower See ⤹

#24

Eine gut ausgebaute und ausgeschilderte Fahrradrunde führt auf den Spuren des niederdeutschen Dichters Fritz Reuter um den nördlichen Teil des Krakower Sees. Ausblicke gibt es dabei ohne Ende. Aber auch sehr gutes Essen, traumhafte Badestellen und eine dicke Buche.

Schau mal, da ist ein Segelboot! Vom Aussichtsturm auf dem Jörnberg aus offenbart sich die komplette Schönheit des Krakower Sees.

des Naturschutzgebietes steht ein Gedenkstein für den Dichterfürsten, gleich daneben hat man von einer kleinen Aussichtsplattform aus einen schönen Blick auf den See. Der ist aber nichts gegen den Blick vom 27 Meter hohen Aussichtsturm auf dem Jörnberg. Hier oben staunt man über die vielen Buchten und Inselchen, die traumhaft gelegenen Bootshäuser, über prächtige Alleen und die malerischen Dörfer im Umland. Eine schöne Einstimmung auf die Radtour, die im Uhrzeigersinn um den See herumführt.

Ich weiß ein Haus am See nennt sich das bekannte Restaurant und Hotel am Wegesrand am Nordufer des Krakower Sees. Es war das erste Lokal in Mecklenburg-Vorpommern, welches mit einem Michelin-Stern ausgezeichnet wurde. Auf halber Strecke, bei Serrahn, zweigt der Wanderweg durch das Nebel-Durchbruchstal bei Kuchelmiß ab. Immer wieder gibt es schöne Ausblicke, beispiels-

Wäre man böse, könnte man die Worte des berühmten niederdeutschen Dichters Fritz Reuter (1810–1874) belächeln, der die Gegend zwischen Groß Bäbelin, Serrahn und Krakow als Paradiesgarten beschrieb, kam er doch gerade aus seiner sieben Jahre währenden Haft zurück. Doch Fritz Reuter liebte seine Heimat innig und beschrieb sie in zahlreichen Geschichten glaubhaft und liebevoll, immer in mecklenburgisch-vorpommernscher Mundart. Wenn man erst einmal ein Stück auf diesem Radweg unterwegs ist, versteht man, dass er recht hatte.

Schon die Stadt Krakow, wenn auch seltsam zerpflückt, liegt malerisch am Krakower See. Die erste Naturbadestelle gibt es gleich am Abzweig auf den Lehmwerder. Am Südzipfel

Der buchtenreiche Krakower See wartet mit idyllischen Badestellen auf. Während der Untersee touristisch erschlossen ist, wird der Obersee als Teil des Naturparks Nossentiner/Schwinzer Heide besonders geschützt.

weise von der Aussichtskanzel Paradiesgartenblick aus. Ganz in ihrer Nähe steht die »Schäferbuche«, die größte Buche des Bundeslandes am Wegesrand. Ihr Umfang beträgt sagenhafte 8,5 Meter. Unter ihrem Blätterdach suchten in alten Zeiten die Schäfer Schutz vor der Sonne.

Ein kurzes Stück führt der Weg auf der Landstraße 204 entlang, die den nördlichen Teil des Krakower Sees vom südlichen Teil abtrennt. Dann geht es auf die Halbinsel Schwerin, die Landeshauptstadt muss sich ihren Namen mit der Halbinsel teilen. Früher grasten hier die als heilig verehrten Pferde der Slawen, heute sind es vor allem Kühe. Bevor es zurück nach Krakow am See geht, kann man an der Franzosenbadestelle noch einmal

herrlich in den See springen. Etwas früher am Wegesrand geht das auch nackt.

FAZIT: FRITZ REUTER KANN MAN GLAUBEN. DIE LANDSCHAFT UM DEN KRAKOWER SEE IST EINFACH PARADIESISCH.

Hin & weg: Parken ist überall im Ort möglich. Nach Krakow am See gelangt man auch mit dem Bus 250 von Güstrow (Haltestelle Blechern Krug).

Beste Zeit: Ganzjährig möglich, besonders schön im Frühling, wenn alles blüht und die Felder grün sind.

Dauer & Strecke: 4–5 Std., 23 km mit dem Fahrrad.

Ausrüstung: »Das Leben auf dem Lande« von Fritz Reuter.

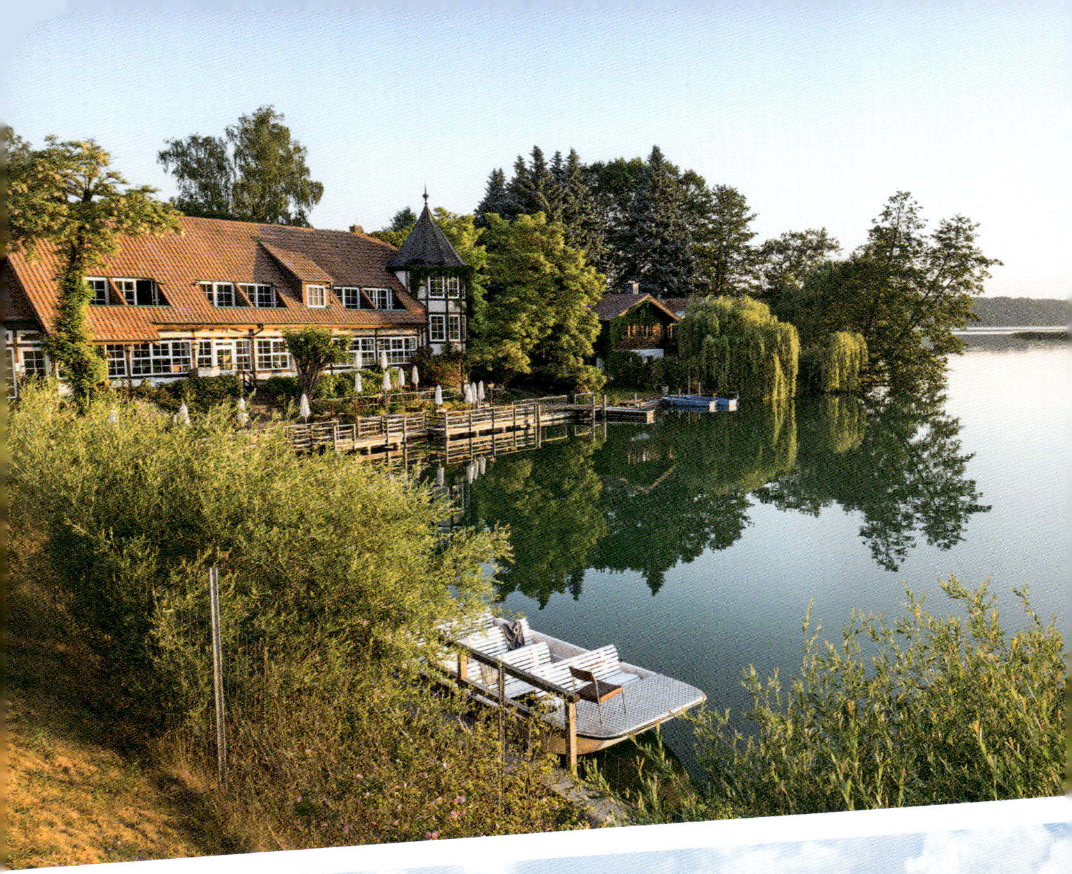

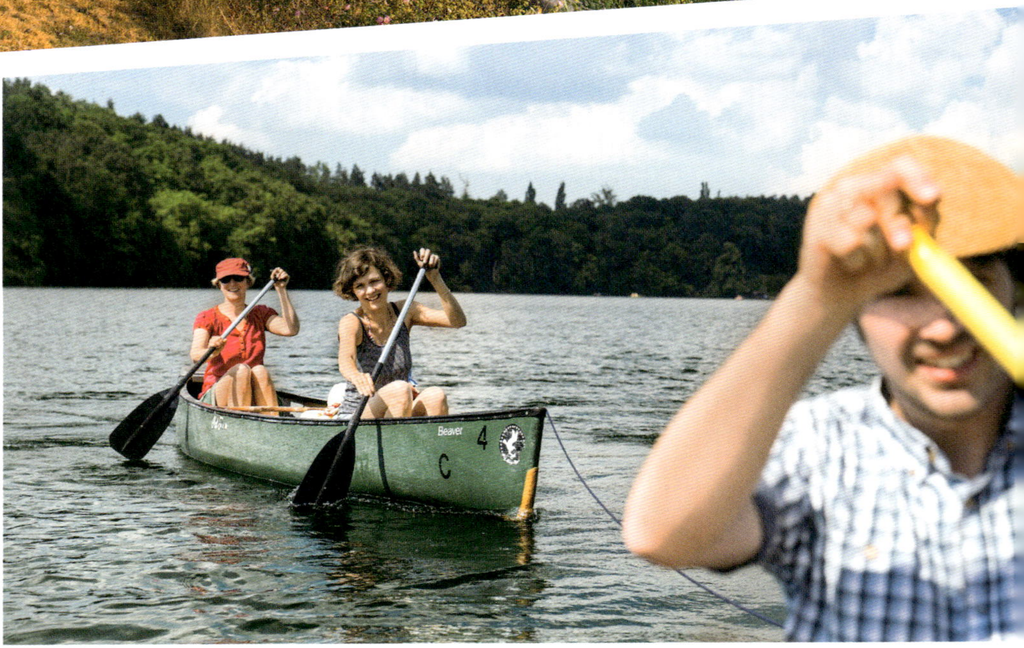
Beaver
4
C

FAHR DA HIN!

⇒ ... durch die Feldberger Eiszeitlandschaft ⇐

#25 Glasklare Seen mit türkisfarbenem Wasser – das Feldberger Seenland ist ein Paradies für Wasserwanderer. Im Kanu geht es vom Kurort Feldberg nach Carwitz mitten durch eine der jüngsten und schönsten Endmoränenlandschaften Europas.

Nur das leise Plitsch-Platsch der Paddel ist zu hören. Hier stören keine Motorboote das Vergnügen, aus eigener Muskelkraft auf dem Wasser unterwegs zu sein.

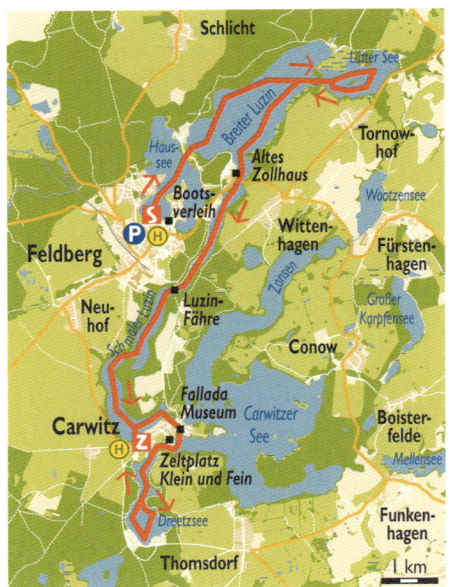

In der Feldberger Seenlandschaft endeten die Gletscher der Eiszeit, ihre Zungen haben sich tief ins Land eingeschnitten. Noch immer hat das Wasser der Seen etwas von der Frische und Klarheit des Eises. Die Gewässer erinnern an Hochgebirgsseen. Auch das Geröll, das im Uferbereich herumliegt und von dem die Bauern behaupten, es wachse auf ihren Äckern nach, erinnert in der Tat an eine Gebirgslandschaft.

Mit dem in Feldberg geliehenen Boot geht es nun hinaus auf das Wasser. Wenn man erst einmal im Boot sitzt und sich bequem ausstreckt – was sind das für wunderbar gemischte Gefühle von Enge und Freizügigkeit, von Beschränkung und Unabhängigkeit! Es dauert eine Weile, bis man sich an den neuen Zustand gewöhnt.

Da, wo der Fährmann mit der Seilfähre Wanderer und Radler über das Wasser holt, gibt es leckeren Kaffee und Kuchen.

Die Tour führt über den Haussee mit der Liebesinsel zum Breiten Luzin. Die kristallklare Perle ist mit 58,5 Metern der zweittiefste See des Bundeslandes und die Heimat der in Deutschland selten gewordenen Großen Flussmuschel. Himmlische Stille. Kein Motorengeräusch. Nur leises Blätterrauschen, surrende Libellen und quakende Frösche. Nach Luft schnappende Fische hinterlassen kreisförmige Wellen auf dem glatten Wasser.

Nach einem Abstecher über den Lütter See geht es in den Schmalen Luzin. Der eiszeitliche Rinnensee, der den Breiten Luzin mit dem Carwitzer See verbindet, ähnelt eher einem Fluss. Uralter Buchenwald spiegelt sich im türkis schimmernden Wasser. Hier finden sich herrliche Badestellen, an der Luzinfähre kann man wunderbar rasten (Eskapade #10).

Dann geht es weiter nach Carwitz. Diesen wunderbaren Ort hat sich Hans Fallada zur Heimat erwählt, das Dorf und die Gegend liebevoll in seinen Texten beschrieben. Sein ehemaliges Wohnhaus ist heute ein Museum.

Hin & weg: Anreise nach Feldberg mit dem Bus 619 von Neustrelitz oder mit dem eigenen Auto zum Parkplatz Strelitzer Straße.

Beste Zeit: Bei gutem Wetter kann man schon im März das erste Mal ein Boot leihen und bis weit in den Herbst hinein. Einfach nachfragen: www.boots-berg.de

Dauer & Strecke: Ein ganzer Tag, 24 km im Paddelboot.

Ausrüstung: Badesachen, Sonnenhut, Sonnencreme, Trinkwasser, Proviant.

Empfohlen sei hier auch eine Wandertour auf seinen Spuren (Eskapade #45). Die Umtragestation am Bach Bäk ist eine gute Gelegenheit für einen Landgang.

Wer noch Kraft in den Armen hat, kann ein Stück in den Carwitzer See oder in den Dreetzsee hineinpaddeln. Am schönen Zeltplatz Klein und Fein holt der Bootsverleiher diejenigen gern wieder ab, bei denen es spät oder denen die Arme doch etwas lang geworden sind. Alle anderen paddeln die acht Kilometer zurück zum Bootsverleih.

FAZIT: VOLLE PUNKTZAHL FÜR DIE LANDSCHAFT UND DAS PADDELN SOWIESO.

HOCH HINAUS

⊰ ... Besteigung des Helpter Berges ⊱

Gute Kondition, festes Schuhwerk,
Trittsicherheit und ausreichend Essen
und Trinken braucht es auf dieser Tour.
Denn es geht um nichts Geringeres
als um die Besteigung des höchsten
Berges von Mecklenburg-Vorpommern.
Der Berg ruft!

#Riesenfindling #BergoderErhebung #Mühlenmuseum #Gipfelkreuz

Gipfelglück ist in Mecklenburg leicht zu haben. Die höchste Erhebung, der Helpter Berg, misst 179 Meter.

Woldegk ist bekannt für seine Windmühlen. Gleich drei davon stehen dicht beieinander auf dem Mühlenberg der Stadt. Hier beginnt diese Wanderung, und der Anblick der Mühlen wird unterwegs immer wieder ein wichtiger Orientierungspunkt sein.

Der Mühlendamm führt in die Stadt hinunter. Ganz am Ende steht die letzte Dampfpfluglokomotive der Firma Horn. Diese Maschine hat bis 1965 die Felder gepflügt. Vor dem Mauerfall war die Region hier stark von Landwirt-

schaft geprägt, die Firma Horn war das größte Dampfpflugunternehmen Mecklenburgs. Von hier aus geht es ein Stück auf dem ehemaligen Bahndamm entlang, heute radeln hier Fahrradausflügler auf den Spuren der Eiszeit.

Der Weg zum Hünenstein und zur 300 Jahre alten Eiche ist nicht leicht zu finden. Es gibt keine Schilder, die Wanderung wird etwas abenteuerlich. Der Stein hat über 100 Tonnen Gewicht, einen Umfang von mehr als 13 Metern und eine Höhe von vier Metern. Alten

Geschichten zufolge lebte in längst vergangenen Zeiten ein Riese auf dem Helpter Berg,
der mit gewaltigen Steinen die ganze Gegend

bewarf. Wahrscheinlicher ist, dass die ab-
schmelzenden Gletscher der letzten Eiszeit
diesen vermutlich von der Insel Bornholm
stammenden Stein hier einfach liegen ließen.

Nun geht es steil hinauf zum Gipfel, auf
179,2 Meter Höhe über dem Meeresspiegel.
Nur dichter Buchenwald ringsum, keinerlei
Ausblick, aber ein seltener Anblick – ein Gipfelkreuz. Wer verirrt sich denn eigentlich an
diesen Ort? Das Gipfelbuch hält Antworten
parat. Es gibt hier etwas, was Menschen sammeln. Keine Pilze, Blumen, Blätter oder Edel-
steine. Nein, sie sammeln Gipfel. Und zwar
nicht irgendwelche! Die höchsten Gipfel der
deutschen Bundesländer. Nur ein einziges
Bundesland hindert Mecklenburg daran, das-
jenige mit dem kleinsten Gipfel Deutschlands

Drei Mühlen stehen dicht gedrängt auf dem Woldegker Mühlenberg. Eine von ihnen beherbergt ein interessantes Mühlenmuseum, eine andere ein Café, in dem man gut einkehren kann.

zu sein – Schleswig Holstein. Der Unterschied liegt bei satten 11,8 Metern.

Dabei ist gar nicht sicher, ob überhaupt von Gipfeln gesprochen werden darf. Denn offiziell spricht man in Deutschland erst ab 300 Metern von einem Berg. Alles drunter ist eine Erhebung. Und haben Erhebungen Gipfel? Mit einem Gipfelkreuz? Auch die Behörden nehmen es nicht so genau mit den Begrifflichkeiten. In Stralsund gibt es ein Bergamt. Es kümmert sich um die Belange des Bergbaus. Obwohl es per Definition doch keinen einzigen Berg gibt!

Hinunter geht es auf der anderen Seite, vorbei an einem riesigen Sendemast, wieder in Richtung Mühlenberg. In einer der Woldegker

Mühlen gibt es übrigens ein schönes Café. Unbedingt lohnend ist auch die Besichtigung der Museumsmühle (www.windmuehlenstadt-woldegk.de).

FAZIT: DEM HIMMEL NÄHER KOMMT MAN IN MECKLENBURG NIRGENDWO.

Hin & weg: Parken ist überall im Ort möglich, auch auf dem Mühlenberg. Von Neubrandenburg fährt die Buslinie 540 über Woldegk.

Beste Zeit: Ganzjährig möglich.

Dauer & Strecke: 2–3 Std., 7 km zu Fuß.

Ausrüstung: Proviant. Wanderschuhe, ausreichend Puste.

LECKER-
BISSEN

⋝ ... im Klostercafé Malchow ⋜

#27

Den Nonnen vom Orden der Büßerinnen,
die das Kloster Malchow einst gründeten,
wäre das Wasser im Munde zusammen-
gelaufen. Glücklicherweise ist das
hier nicht die Zeit der Nonnen,
sondern unsere! Auf zu einem der
besten Cafés der Seenplatte im ehe-
maligen Kloster Malchow.

Erste Sahne: Manja Wulf backt die leckersten Torten und Kuchen im Umkreis von 100 Kilometern. Davon kann man sich im Klostercafé Malchow überzeugen.

Dass Manja Wulf backen kann wie ein Engel, hat sie mit ihren göttlichen Speisen schon im Café des Pfarrhofs Stuer bewiesen. Im Winter 2018 ist ihr Café nun passenderweise ins Kloster Malchow umgezogen. Ein Händchen für gute Locations haben die gebürtige Rostockerin und ihr Mann Gunnar Schütt allemal. Denn der teilsanierte Klosterhof mit seinen ruppigen Wänden hat vor allem eines: Charme. Hier kann man im Sommer unter schattigen Bäumen sitzen und den Blick auf den Backsteinturm der Klosterkirche genießen. »Ohne Kuchen und ohne Gebäck hat das Leben keinen Zweck« – ihrem Motto stimmt zu, wer von den Küchlein gekostet hat.

Hier zaubert eine für alle: Aprikosen-Thymian-Tarte, Blaubeer-Schokoladen-Kuchen mit Kapuzinerblüten aus Aarons Gartenreich oder

Der im Jahr 1818 neu angelegte Klosterfriedhof liegt zwischen dem Klostergelände und dem Engelschen Garten.

mecklenburgische Klassiker wie Obst-Streu-sel-Hefekuchen und Stachelbeer-Baiser-Torte. Aber bitte mit Sahne! Dazu wird Basilikum-Gurke-Zitronen-Limonade oder leckerer Kaffee gereicht. Die Speisekarte wechselt ständig, denn auf den Kuchen liegen stets die Früchte der aktuellen Saison.

Auf diese Weise gestärkt, kann man gemütlich durch die Klosteranlage bummeln. Lauschige Plätzchen findet man im Mauergarten und auf dem Damenplatz mit der 300 Jahre alten Linde. Ein Backsteintor führt hinunter an den Malchower See. Wer am Seeufer noch ein Stück aus der Stadt herausspaziert, gelangt in den Engelschen Garten.

Der Name dieser parkähnlichen Anlage geht auf Johann Jakob Christian Engel zurück, der Ende des 18. Jahrhunderts als Küchenmeister im Kloster tätig war. Auf seine Veranlassung hin wurde das Gelände in einen Garten umgestaltet, der zunächst nur den Bewohnern des Klosters vorbehalten war. Inzwischen ist er ziemlich verwildert. Wie aus einem Park wieder ein Wald wird, kann man hier mit einem blutenden Herzen betrachten. Frische Luft und etwas zu sehen gibt es an diesem besonderen Ort trotzdem.

Tipp: Die ehemalige Klosterkirche fungiert heute als Ausstellungsraum des Mecklen-burgischen Orgelmuseums. Dort wird die 2000-jährige Geschichte der Orgeln verdich-tet und multimedial präsentiert (www.orgel museum-malchow.de).

FAZIT: KLÖSTERLICHE KÖSTLICHKEITEN FÜR ZUCKERHUNGRIGE KUCHENLIEBHABER.

Hin & weg: Wer mit dem Auto anreist, parkt kostenlos direkt neben dem Kloster. Nach Malchow kommt man auch mit der Bahn. Vom Bahnhof fährt ein Bus zum Kloster, oder man läuft durch die schöne Altstadt mit der berühmten Drehbrücke.

Beste Zeit: Ganzjährig möglich und reizvoll. Nur im Café sitzt man im Winter eher drinnen als draußen.

Dauer & Strecke: Einfach sitzen bleiben oder noch ein Stündchen spazieren gehen (ca. 5 km).

Ausrüstung: Appetit.

ABENTEUER PUR

$\geq$ ... mit dem Kajak auf der Warnow $\leq$

#28

Die meiste Zeit schlängelt sich das Flüsschen Warnow gemächlich durch schilfumsäumte Landschaft. Im Abschnitt zwischen Weitendorf und Eickhof wird sie schneller und wilder. Besser, am Steuer sitzt jemand mit Erfahrung! Herzklopfen inklusive.

#Stromschnellen #schadenfroheZuschauer #trockenbleibtkeiner #wildeWassersindtief

Stromschnellen und unerwartete
Hindernisse machen die Bootstour
auf der Warnow zu einem Abenteuer.

Aufregend ist es schon an der Einstiegsstelle
in Weitendorf. Zwar sagt der Bootsverleiher,
dass dies eine einfache Strecke sei, Wildwas-
ser für Anfänger quasi, jeder kann sie machen, aber dann hört er nicht mehr auf zu
reden. Mit der Karte in der Hand zeigt er auf
diese und jene Stelle: da unbedingt rechts
unter den ins Wasser gestürzten Bäumen hindurch, dort auf die großen Steine im Wasser

achten, hier unbedingt ganz dicht am Ufer
halten. Steuern ist wichtig, Paddel ins Boot
nehmen ... Uff.

Aber dann geht es doch sehr gemächlich los.
Die Warnow hat genau die richtige Paddel-
breite, man kommt gut durch und an anderen
Booten vorbei, gleichzeitig ist das Ufer ganz
nah, blau schimmernde Libellen und viele Vö-

Bei der Wanderbrücke in der Nähe von Groß Görnow müssen weniger geübte Paddler schon mal zu Fuß die Schlüsselstelle passieren.

Landschaft. Man ist auf einer Straße unterwegs, die null Komma nichts mit einer Straße zu tun hat. Das Wasser scheint die Geräusche der Zivilisation zu verschlucken. Führt dann doch mal eine Brücke über den Fluss, dämmert die Erinnerung an diese andere, laute Welt. Nichts wie weiter!

Das Weideland am Ufer verschwindet, und plötzlich sind wir im Wald. Wurzeln über Wurzeln, wo eben noch Schilf stand. Wüsste man es nicht besser, kämen einem Mangrovenwälder in den Sinn: Dschungel, Hitze, Krokodile, Piranhas. Keine Angst, hier gibt es nur Forellen. Während große Baumstämme sich über die Warnow biegen, Schatten spenden und einen einladenden Tunnel bilden, ändert sich spürbar die Fließgeschwindigkeit des Wassers. Wir sind im Warnow-Durchbruchstal bei Groß Görnow angekommen. Es gilt, Steine und kleine Stromschnellen zu umfahren, alle im Boot sind sehr konzentriert. Wer am Steuer sitzt, hat gut zu tun. Das Ufer wird steil und erhebt sich bis zu 40 Meter über dem Wasser. Dann kommt die große Wanderholzbrücke über die Warnow, einige Zuschauer stehen an der Schlüsselstelle der Kanutour auf der Brücke und beobachten – teils anerkennend, teils mit Schadenfreude – das Treiben der vorbeifahrenden Boote.

gel lassen sich beobachten, am Ufer weiden Schafe. Kurve um Kurve schlängelt sich der Fluss durch die schöne mecklenburgische

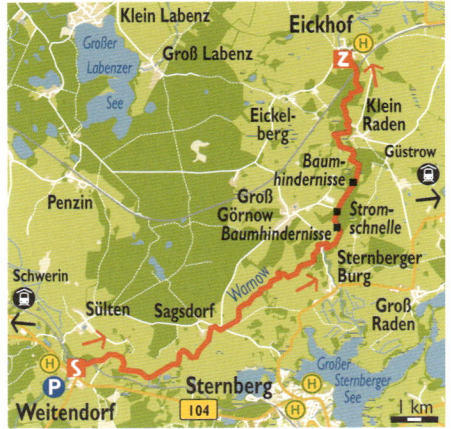

Wer hier nicht in einem Steinhaufen gelandet ist, aussteigen und das Boot aus einer misslichen Lage befreien muss, wird den Rest der Tour auch unbeschadet schaffen. Die aufregende Wegstrecke ist kurz, und bald schon verwandelt sich die Warnow zurück in das

Grandios, was man vom Boot aus alles beobachten kann! Nicht nur Libellen und Schmetterlinge, sondern auch seltene Vögel tummeln sich am Uferrand.

seicht dahingleitende Flüsschen, dessen wunderschönes Durchbruchstal sich von nirgendwo besser beschauen lässt als von einem Paddelboot. Nach etwa vier Stunden ist das Ziel bei Eickhof erreicht, und der Bootsvermieter kommt vorbei, sammelt die Reisegesellschaft samt Booten wieder ein und bringt alle Abenteurer zum Ausgangspunkt der Tour zurück.

FAZIT: WILDER GEHT ES AUF DEN MECKLENBURGISCHEN GEWÄSSERN NIRGENDWO.

Hin & weg: Von Schwerin (Bus 170) und Güstrow (Bus 270) fahren Busse nach Sternberg. Der Campingplatz (www.camping-sternberg.de) ist einer von mehreren Bootsverleihern, der diese Tour anbietet und den Transfer zur Einsatzstelle und die Abholung sicherstellt. Mit dem eigenen Auto und Boot anzureisen ist auch möglich, dann sollte man aber vorher die Abholung in Eickhof organisieren, denn die Tour ist nur in eine Richtung fahrbar.

Beste Zeit: Von Frühjahr bis Herbst möglich. Allerdings kann die Tour wegen zu geringer Wasserstände auch von einem Tag auf den anderen gesperrt werden. Vor Abfahrt unbedingt noch einmal nachfragen.

Dauer & Strecke: 4–5 Std., 15 km mit dem Paddelboot.

Ausrüstung: Mut, starker Bizeps, Boot, Tourenkarte (gibt es vom Verleiher), Wechselsachen wasserdicht verpackt, Sonnenhut.

PACK DIE BADEHOSE EIN

>: ... die beste Badestelle bei Schwerin :<

#29

Ein glitzerklarer See, ein Holzsteg, eine Wiese, gegenüber eine sanft geschwungene Anhöhe und Schäfchenwolken auf blauem Himmel. Sommer in Mecklenburg, was will man mehr? Vielleicht baden? Auf zu einer der schönsten Badestellen Schwerins: an den Cambser See.

Trotz der Nähe zu Schwerin wird es am Cambser See eigentlich nie richtig voll. Nur die Dorfjugend trifft sich hier im Sommer an jedem Sonnentag.

Es ist ja nicht so, dass es in Mecklenburg nicht genügend Stellen zum Baden gäbe. Trotzdem kann es vorkommen, dass man in Schwerin ist, die Sonne brennt, und man weiß nicht so recht, wohin. Die Stadt an den sieben oder elf Seen – da streiten sich selbst die Schweriner – ist in Sachen Badestellen gar nicht so üppig bestückt. Deshalb schadet ein kleiner Geheimtipp nicht.

Der Cambser See vor den Toren der Stadt besticht durch seine Wasserqualität – aus ihm kann man sogar trinken! Hier gibt es drei schöne Badestellen: in Zittow, Cambs und Langen Brütz. Am Ufer erhebt sich mal kein Wald. Nein, der Blick erfreut sich an herabrollenden Feldern. Man schaut und schaut, weil es so schön aussieht.

Derweil versammelt sich die Dorfjugend an der Cambser Badestelle am Südzipfel des Sees. Auf dem Steg ziehen die Jungs an den kreischenden Mädchen und andersherum, sie schubsen sich gegenseitig ins Wasser. Was für ein Vergnügen! Federball spielen, Handstand üben, das alles geht vorzüglich auf der frisch gemähten Wiese vor der Badestelle. Die Eltern liegen faul in der Sonne.

Einer Sage nach stritten sich die Langen Brützer und die Cambser lange um den See. Der Landesherr entschied schließlich, dass den Cambsern der See so lange gehört, wie Wasser darin ist. Sollte es kein Wasser mehr geben, gehört der Grund zu Langen Brütz. Dennoch haben es sich die Langen Brützer jetzt schon am See gemütlich gemacht. Ihre Bade-

Perfektes Setting: ein schöner Holzsteg, feiner weißer Sand für die Kinder und eine frisch gemähte Liegewiese an einem stillen klaren See.

stelle ist sehr gepflegt, es gibt einen Kiosk für hungrige Badegäste, ein Volleyballfeld und eine großzügige Liegewiese.

Und das Wasser, das wird wohl noch lange hier im See bleiben. Die Spuren der letzten Eiszeit verschwinden nicht so schnell. Das sieht man an den vielen Söllen. Diese see-artigen Wassersammelbecken ohne Zu- und Abfluss sind in Mecklenburg zu Tausenden auf Feldern und in Wäldern zu finden. Sölle ent-standen durch das Vernässen von eiszeitli-chen Toteislöchern. Es ist erstaunlich, wie gut sie sich über die Jahrtausende halten. Wenn man versucht, sie einzuebnen, sind sie im Jahr darauf durch Regenfälle und die Verdichtun-gen im Boden einfach wieder da. Die Schwe-riner und die Bewohner der umliegenden Dörfer werden wohl auch in 1000 Jahren noch im Cambser See baden können.

FAZIT: EIN BILDERBUCHSEE ZUM ABHÄN-GEN AN HEISSEN SOMMERTAGEN.

Hin & weg: Die Buslinien 101 und 104 fahren vom Hauptbahnhof nach Cambs, Zittow und Langen Brütz. Aber sehr selten. Unbedingt vorher nach-schauen oder doch mit dem eigenen Auto fahren, denn auch von den Haltestellen ist es ein ordent-liches Stück zu laufen. Die Parkmöglichkeiten sind an den jeweiligen Badestellen ausgewiesen.

Beste Zeit: Sommersonnenwarme Badetage.

Dauer: 2–3 Std. oder einen ganzen Tag.

Ausrüstung: Badesachen, Decke, Schattenspender, Picknick.

DAS STEINREICHE LAND

⋝ ... Radtour durch das Sternberger Seenland ⋜

Auf dieser Tour gibt es alte Steine zu bewundern und Historie zu erspüren. Sie führt vorbei am altslawischen Tempelort Groß Raden, über das Warnow-Durchbruchstal bis zu den Boitiner Steintänzen, die Geologen und Historiker rätseln lassen.

Der Ursprung des Boitiner Steintanzes ist ein Rätsel, welches wohl niemals komplett gelöst werden kann.

Im mittelalterlichen Sternberger Altstadtkern mit seinem holprigen Kopfsteinpflaster beginnt diese Radtour und führt gleich an einen geschichtsträchtigen Ort. Am Südportal der Heiligen Blutskapelle der Stadtkirche ist an der Außenwand ein Stein in die Mauer eingelassen, der zwei Fußabdrücke zeigt. Sie erinnern daran, dass 1492 einigen Juden aus der Stadt vorgeworfen wurde, geweihte Hostien mit Messern zerstochen zu haben, woraufhin aus diesen Blut tropfte. Die erbosten Katholiken töteten 27 Juden in Sternberg und vertrieben alle anderen aus Mecklenburg. Das Mahnmal »Stigma« des Künstlers Wieland Schmiedel erinnert in der Kapelle eindrucksvoll an das dunkle Kapitel.

Wieder ans Licht gelangt man über den Turm der Kirche. Von hier oben hat man einen beeindruckenden Blick auf das Sternberger

Vor 1000 Jahren war Groß Raden ein Tempelort der Slawen. Heute erlaubt das Freilichtmuseum einen Blick zurück in die Vergangenheit.

Auf der flachen Landzunge im Groß Radener See legten in den 1970er-Jahren Archäologen einen slawischen Siedlungskomplex frei, den der Stamm der Warnower um 850 erbaut hatte. Am Rand der Ausgrabungsstätte entstand ein rekonstruiertes Slawendorf als Freilichtmuseum, in dem man den Alltag der slawischen Einwanderer nacherleben kann.

Durch die schöne hügelige Landschaft führt der Radweg über eine alte Lindenallee nach Buchenhof. Kurz hinter dem Ort zweigt ein Wanderweg ins Warnow-Durchbruchstal ab. Das darf man sich nicht entgehen lassen. Also Räder anschließen und sich für eine Stunde in eine kühle, schattige Flusslandschaft entführen lassen, bei der man aus sicherer Entfernung und von einer Brücke aus das Treiben der Paddelboote an der wildesten Stelle der Warnow beobachten kann (Eskapade #28).

Seenland. Direkt unten am See sieht man die vielen reetgedeckten Dächer der Bootshäuser, mittendrin verkauft Fischer Rettig seinen Fang. Von dort aus führt uns die Radtour aus Sternberg hinaus nach Groß Raden.

Der Wanderrundweg führt zurück zu den Rädern. Zwischen Güstrow und Sternberg, in der Nähe von Boitin, erstreckt sich einer der

Malerisch liegen die Bootshäuser am Sternberger See. Wer etwas über die Judenverfolgung von 1492 erfahren möchte, sollte die Heilige Blutskapelle aufsuchen.

größten zusammenhängenden Buchenwälder Mecklenburgs. Zwischen uralten Bäumen, plätschernden Bächen und versteckten Teichen führt der Weg zu einem der geheimnisvollsten Monumente der Vorzeit: dem Steintanz von Boitin. Es ist nicht bekannt, wann, durch wen und zu welchem Zweck die vier Steinkreise einst errichtet wurden. Forscher interpretieren sie als möglichen Kultplatz, als Kalender mit astronomischem Bezug oder als Begräbnisstätte. Man steht davor und staunt.

Über Dreetz und Peetsch führt der Weg nach Rühn mit einem ehemaligen Benediktinerinnenkloster. Kurz vor dem Ort kreuzen wir noch einmal die Warnow, die hier ganz gemächlich und friedlich vor sich hinplätschert. Wenig später endet die Tour in Bützow.

FAZIT: ABWECHSLUNGSREICHE ZEITREISE ZU FUSS UND AUF DEM RAD MIT HISTORISCHEN EINBLICKEN UND RÄTSELN.

Hin & weg: Parken ist überall im Ort möglich. Ab Schwerin fährt der Bus 170 bis Sternberg (Haltestelle Gymnasium), Fahrradmitnahme ist generell möglich, die Anzahl aber begrenzt.

Beste Zeit: Ganzjährig möglich, Groß Raden und der Boitiner Steintanz sind auch im Winter reizvoll.

Dauer & Strecke: Einen ganzen Tag, 40 km mit dem Rad und 4 km zu Fuß.

Ausrüstung: Fahrrad, Proviant.

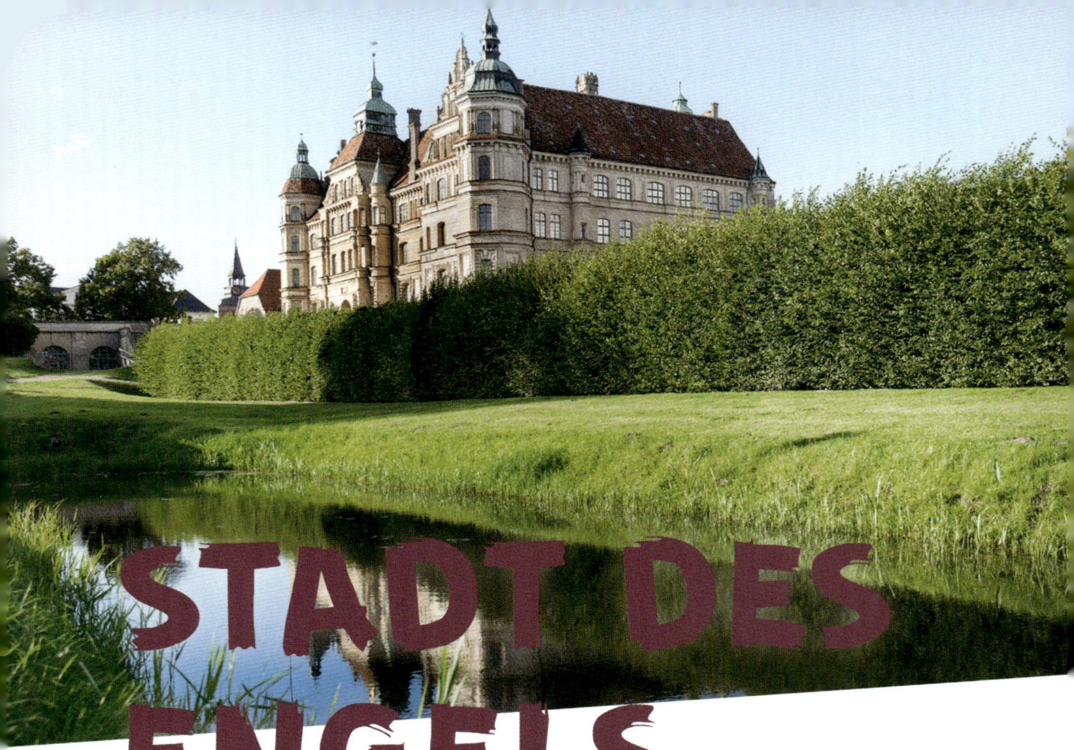

STADT DES ENGELS

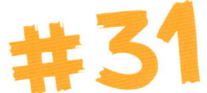

… auf Barlachs Spuren durch Güstrow radeln

#31

Wie ausdrucksstark Holz sein kann! Unter den Händen des Bildhauers Ernst Barlach verwandelten sich ungehobelte Klötze in pure Menschlichkeit. Mit den Menschen zu seiner Zeit war es eher andersherum. Die schöne Stadt Güstrow am Inselsee lässt sich auf seinen Spuren am besten mit dem Fahrrad erkunden.

#GüstrowsStar #schwebenundschwebenlassen #InseloderSee

»Das Wiedersehen« von Ernst Barlach
ist eines der epochalen Werke
moderner Bildhauerei.

Engel sind etwas ganz Besonderes – ausgesprochen friedfertig, in der Regel gottesfürchtig, bekannt für ihre lieblichen Gesänge und vor allem unsichtbar, sieht man einmal davon ab, dass sie sich gelegentlich in Kirchen niederlassen. Dies trifft auch auf den »Schwebenden Engel« von Ernst Barlach zu, den der Künstler im Jahr 1927 für den gotischen Dom in Güstrow schuf. Die Bronzeplastik, der Barlach ungewollt die Züge von Käthe Kollwitz verliehen hatte, sollte an die Toten des Ersten Weltkrieges erinnern.

Von den rund 17 000 Kunstwerken, die Hitlers »Säuberungskommissionen« 1937 beschlagnahmten, waren 381 Werke von Barlach. Einen, der das Innere des Menschen nach außen kehrte, ihre tiefsten Sehnsüchte und Gefühle zeigen konnte wie kein anderer, den ertrugen die Nationalsozialisten nicht. Die Kirchenleitung im Dom entfernte die »entartete Figur« und übergab sie wenig später der Wehrmacht »zum Zwecke der Einschmelzung für die Wehrwirtschaft«. Freunde von Ernst Barlach fertigten heimlich eine Kopie

133

an, die sie in einer Scheune versteckten. Der Künstler selbst erlebte dies nicht mehr, er starb im Jahr 1938.

Die Radtour beginnt am Güstrower Hauptbahnhof und führt in wenigen Minuten zur Gertrudenkapelle. Im Garten steht die »Mutter Erde«, eine Grabplastik, die Barlach 1920 in Güstrow fertigte und die, zunächst vergessen, 1963 auf einem Stettiner Friedhof stark beschädigt wiedergefunden und als Schenkung zurück nach Güstrow überführt wurde. Mehrfach äußerte sich der Künstler zu Lebzeiten, dass er sich seine Werke in diesem sakralen Raum gut vorstellen könne. Recht hatte er. Der Ort scheint wie gemacht zu sein für einige seiner wichtigsten Holzplastiken wie »Der Apostel« (1925) oder der »Lesende Klosterschüler« (1930).

Von der Kapelle ist es nicht weit zum Dom, wo man seit 1953 wieder den »Schweben-

Die Güstrower entspannen sich gern an ihrem Inselsee. An lauschigen Sommerabenden wehen von den Bootshäusern leckere Grilldüfte über das Wasser.

den« bewundern kann. In unmittelbarer Nähe befindet sich die ehemalige Herzogsresidenz, das Güstrower Schloss, welches zwar nichts mit dem großen Meister zu tun hat, aber allein wegen seines parkähnlichen Gartens definitiv einen Abstecher lohnt. Auf dem Radfernweg Berlin–Kopenhagen geht es weiter zum Inselsee, an dessen bewaldetem Ufer sich Barlachs Atelierhaus befindet. Die Stiftung hat hier ein schlichtes Ausstellungsforum errichtet, welches den dort ausgestellten Werken ebenso gerecht wird wie die Kapelle.

Bestimmt hat Ernst Barlach auch oft am Ufer des Inselsees verweilt. Man sollte es ihm gleichtun, die Picknickdecke am Wasser ausbreiten, die Füße vom Steg baumeln lassen oder ein Boot leihen, bevor es mit dem Fahr-

rad zurück durch Güstrows schöne Altstadt und zum Bahnhof geht.

FAZIT: SCHLICHTHEIT, KONZENTRATION, MENSCHLICHKEIT. DIESE TUGENDEN FINDEN SICH IN DEN WERKEN BARLACHS, UND SIE PASSEN EBENSO ZU SEINER HEIMAT MECKLENBURG.

Hin & weg: Güstrow erreicht man leicht mit der Bahn oder dem Auto, nahe dem Bahnhof gibt es Parkplätze.

Beste Zeit: Ganzjährig möglich.

Dauer & Strecke: Einen ganzen Tag. 13 km mit dem Fahrrad.

Ausrüstung: Picknickdecke und Korb, im Sommer Badesachen.

IM LAND DER SEEROSEN

>‹ ... mit dem SUP unterwegs in Granzow ›‹

#32

Aufrecht stehend über dem Wasser dahingleiten und dabei noch etwas für seinen Körper tun: Stand Up Paddling – kurz SUP – heißt der neue Funsport. Bei ruhigem See und mit einem festen Board ein Kinderspiel. Das perfekte Trainingsgebiet gibt es in Granzow.

Nach der Anspannung auf dem Stand-up-Paddle-Board kommt die Entspannung. Faul in der Sonne liegen, auf der Wiese lesen, im See baden ...

In der Hauptsaison an einem heißen Sommertag kann es hier schon mal richtig voll werden. Mitten auf der Kleinseenplatte, direkt am Rand des Müritz-Nationalparks gelegen, ist die Badestelle in Granzow die perfekte Ausgangsstation für Ausflüge in Richtung Müritz oder Mirow. Das Setting mit den reetgedeckten Bootshäusern am glitzernden See und der hölzernen Badeplattform im Wasser ist Mecklenburg in seiner Essenz. Die Kanustation Granzow verleiht Geräte für alle möglichen wassersportlichen Betätigungen. Heute soll es ein Stand-up-Paddle-Board sein.

Ha, nur der Anfang ist schwer! Wer immer nur vom sicheren Ufer aus und mit wachsender Schadenfreude die etwas peinlichen Abstürze der anderen beobachtet hat, tut sich schwer mit dem ersten Schritt. Oder besser mit dem

... oder die gleiche Strecke noch einmal mit dem Paddelboot absolvieren. Gemütlich sitzend kann man die Seerosen in ihrer vollen Pracht genießen.

ersten Knie. Dann rutscht das zweite dazu, und es gibt nur noch den eigenen Körper und das Board. Mit jeder Faser lauert der Körper angespannt auf die unbekannten Bewegungen. Nun geht es aus der Hocke in den Stand – Erleichterung pur. So schwer ist das doch gar nicht. Wie sich die anderen nur angestellt haben! Und schwups, liegt man selbst im Wasser. Körperspannung ist das Geheimnis, mit der Entspannung kommt auch die Instabilität – verstanden!

Das erste Ziel soll das Seerosenparadies sein. Es geht vorbei an den schönen Bootshäusern, auf dessen Terrassen Zuschauer sitzen. Die trinken noch – ich paddle schon. Seerosen! Erst sind es nur ein paar wenige, dann werden es immer mehr, bis ein ganzer Teppich das Wasser überzieht und nur noch eine schmale Spur für die Paddelboote und Kajaks übrig lässt. Motorboote gibt es hier schon lange nicht mehr. Bis in die 1930er-Jahre war die sogenannte Alte Fahrt die einzige Durchgangsstelle von den Mirower Gewässern bis zur Müritz, heute benutzen die großen, lauten Boote den Kanal bei Lärz.

Hier herrscht absolute Stille. Ein ganz neues Naturerlebnis so von oben. Libellen sitzen auf den Seerosen, die Vögel zwitschern, und der Wind spielt im Schilf nach seiner eigenen Melodie vom Blatt. Bis er auffrischt und das Gleichgewicht der SUPler herausfordert.

Zurück an der Kanustation, gibt es das freiwillige erfrischende Bad im Wasser und danach das wärmende auf dem Steg in der Sonne. Vielleicht geht es am Nachmittag noch einmal los in die andere Richtung auf den großen Mirower See zur Liebesinsel und zum Schloss. Wer weiß?

FAZIT: SO MUSS SICH JESUS GEFÜHLT HABEN, ALS ER ÜBER DAS WASSER GING.

Hin & weg: Parken ist kurz vor dem Zeltplatz möglich. Ab Mirow ist man mit dem Bus 670 in 5 Min. in Granzow.

Beste Zeit: Warm muss es schon sein.

Dauer & Strecke: 1–2 Std., knapp 4 km auf dem SUP.

Ausrüstung: SUP, Badesachen, Sonnencreme, Sonnenhut.

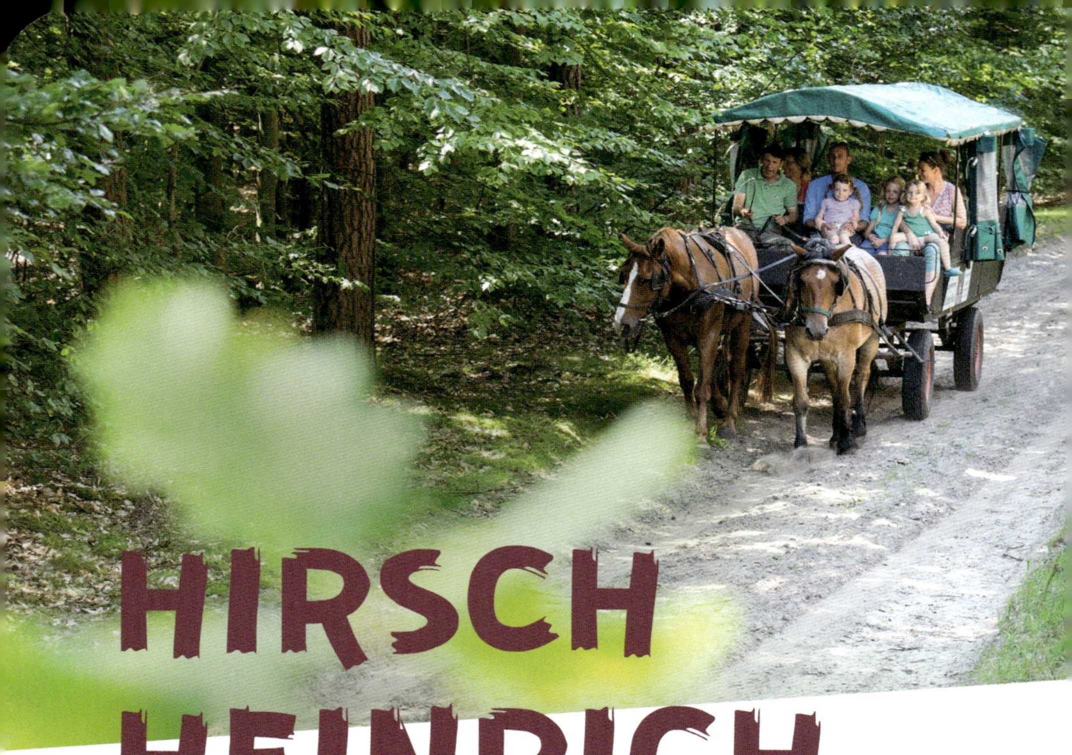

HIRSCH HEINRICH

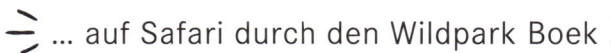

... auf Safari durch den Wildpark Boek

#33

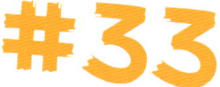

Im Müritz-Nationalpark kommt man den großen Tieren auf einer Kutschfahrt durch den Wildpark Boek ganz nah. Anderthalb Stunden lang geht es auf Sandwegen rumpelnd vorbei an Mufflons, Rotwild, Damwild und Rehen. Besonders witzig: die Geschichten von Kutscher Gerhard.

#wildergehtsnicht #FuchsundHase # Williwollteeswissen

Im Wildpark Boek kann man mit einem ausgewachsenen Hirsch auf Tuchfühlung gehen.

Die Pferde scharren mit ihren Hufen im Sand, die Kutsche parkt abreisebereit vor dem noch immer unsanierten Gutshaus in Boek. Kutscher Gerhard packt die Zügel und den dicken Schlüsselbund – in den Wildpark Boek gelangt man nur mit ihm und in dieser Kutsche. Gleich beginnt er, sehr unterhaltsam zu erzählen. Vom Leipziger Großverleger Kurt Herr- mann, dem in den 1930er- und 1940er-Jahren weite Ländereien in und um Boek gehörten. In einem großen umzäunten Wildgatter hielt er zahlreiche exotische Wildarten, bis er zum Ende des Zweiten Weltkrieges enteignet wurde. Die Tiere aber blieben, und ab dem Jahr 1969 wurde das Gebiet zum persön- lichen Jagdareal für den ehemaligen DDR-

Die Tiere sind an den Kutscher und das Pferdefuhrwerk gewöhnt. Einst hat man Kutschen auch zur Jagd eingesetzt.

Ministerpräsidenten Willi Stoph. Damit der alte Willi auf Jagd auch Erfolg haben würde, war die Wilddichte extrem hoch.

Kutscher Gerhard erzählt weiter, dass mit der Gründung des Müritz-Nationalparks im Oktober 1990 die Aufgabe entstand, das vormals gesperrte Gebiet behutsam für die Öffentlichkeit zu erschließen. Eine tragende Idee war dabei die Einrichtung von Nationalpark-Eingangsbereichen. Der erste Eingang wurde im Jahr 1991 in Boek durch den in privater Initiative entstandenen zirka 80 Hektar großen Wildpark eröffnet.

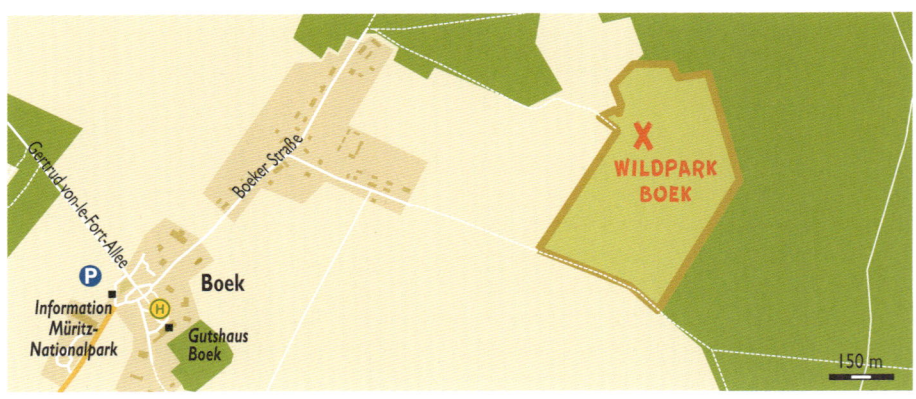

Rotwild, Wildschafe, Mufflons und Füchse: Die Tiere leben scheinbar wild, jedoch in einem abgezäunten Bereich.

Die Idee dahinter war, den Nationalpark-Eingangsbereich Boek um eine Attraktion zu bereichern, indem Besucher die relativ sichere Möglichkeit haben würden, wild lebende Tiere zu beobachten. Ein Hirsch wagt sich besonders nah an das Gefährt heran. Ganz verliebt scheint er in den Kutscher zu sein, und dann lässt er sich sogar von ihm streicheln! Auch wenn Gerhard das eigentlich nicht darf: Ein Äpfelchen für seinen Freund Heinrich hat er immer in seiner Tasche. Später folgt die Füchsin Oskaline dem Wagen, auch sie scheint den Kutscher zu mögen, ganz ohne Futter.

Und so rumpelt die Kutsche weiter vorbei an immer mehr Rotwild, im Gras liegenden Hirschen, Wildschafen und Mufflons. Man kann kaum glauben, was es hier alles zu sehen gibt. Im Herbst zur Hirschbrunft soll es ganz heiß hergehen, verrät Gerhard noch, bevor die Kutsche wieder auf den Gutshof einbiegt. Nur ein paar Gehminuten in Richtung Müritzufer entfernt wartet das Kutschercafé mit leckerem Kaffee und Kuchen auf Gäste.

FAZIT: WER WIRKLICH WILD SEHEN WILL, MUSS HIERHERKOMMEN.

Hin & weg: Nach Boek gelangt man zwischen Mai und September von Waren mit der Nationalparklinie 009 oder ganzjährig mit dem Auto. Parken ist überall im Ort möglich.

Beste Zeit: Im Frühling, Sommer und Herbst. Zur Hirschbrunft im Herbst sensationell.

Dauer: Kutschfahrt 2 Std.

Ausrüstung: Kamera. Fernglas kann man getrost zu Hause lassen. Die Kutschfahrt bucht man unter www.wildpark-boek.de

KRÄFTIG STRAMPELN

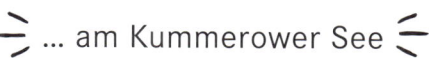

⋝ ... am Kummerower See ⋜

#34

Von Dargun aus kann man auf einem ungewöhnlichen Fahrzeug durch die Mecklenburgische Schweiz radeln. Ein stillgelegtes Bahngleis lädt zur Abenteuer-fahrt auf der Draisine. Doch Vorsicht: Man sollte sich nicht überschätzen. Die Tour ist eine sportliche Herausforderung.

Schon bei leichtesten Steigungen zieht es ordentlich in den Waden. Wer die gesamte Strecke von 33 Kilometern fährt, bekommt Muskelkater – versprochen.

Eine Metallplatte, vier Räder, zwei Fahrradantriebe, dazwischen in der Mitte eine Bank, und fertig ist die Draisine. Erfunden hat das kluge Fahrzeug der badische Tüftler Karl von Drais schon um 1813, es gilt als Vorläufer des Fahrrades. Wer vorne auf der Bank sitzen darf, hat das Glückslos gezogen. Denn was am Anfang recht leicht erscheint, wird schnell

---

Hin & weg: Nach Dargun kommt man vom Bahnhof in Demmin mit dem Bus 304. Am Draisinenbahnhof in Dargun stehen Parkplätze zur Verfügung.

Beste Zeit: Die Draisinen werden von Ende April bis Ende Oktober verliehen: www.naturpark-draisine.de

Dauer & Strecke: 5 Std., 34 km mit der Draisine.

Ausrüstung: Sonnenschirm, Badesachen, Picknick, Ausweis zum Ausleihen der Draisine (die ausleihende Person muss mindestens 18 Jahre alt sein).

In den Sommermonaten sind die Ruinen des Klosters Dargun eine traumhafte Kulisse für Konzert- und Theaterveranstaltungen.

anstrengend. Dabei treten zwei Personen in die Pedale, während sich der Rest der maximal vierköpfigen Reisegesellschaft auf der Rückbank entspannt und die faszinierende Natur bewundert. Selbstverständlich sitzt das Pausenteam wenig später selbst im sportlichen Hamsterrad.

Der Ausflug beginnt fast unmittelbar an der Klosterruine Dargun. Dort sollte unbedingt Zeit für eine Besichtigung eingeplant werden. Das im 12. Jahrhundert gegründete Kloster wurde nach seiner Blütezeit um 1552 aufgelöst und von den Herzögen von Mecklenburg-Güstrow zu einem Schloss umgebaut. In den letzten Tagen des Zweiten Weltkrieges brannten Klosterkirche und Schloss ab. Die Ruinen sind eine beeindruckende Kulisse.

Nach Dargun folgt die Draisinenfahrt im leichten Auf und Ab der ehemaligen Bahnstrecke Dargun–Salem durch die Ausläufer der Mecklenburgischen Schweiz hin zum Kummerower See hin. Es ist ein tolles Gefühl, mit eigenem Antrieb im Fahrtwind fast wie ein Zug durch Felder, Wälder und Wiesen zu sausen, Tiere zu beobachten und manchmal auch das Gras der leicht zugewachsenen Strecke an den Beinen zu spüren.

Unterwegs gibt es immer wieder Haltepunkte oder Einkehrmöglichkeiten wie beim Bahnhof in Lelkendorf oder in Neukalen. Kurz vor Neukalen wird die Peene gekreuzt, an heißen Tagen kann man hier schon mal ins erfrischende Flusswasser springen und sich abkühlen. Die

Gleise enden im Fischerdorf Salem am Kummerower See mit Badestelle und Restaurant direkt am Wasser.

Abzusteigen und umzudrehen ist auf der Strecke jederzeit möglich. Wer die ganze eingleisige Strecke fährt, sollte die Entfernung nicht unterschätzen, denn die Fahrraddraisine muss wieder zurückgestrampelt werden. Wer bis 14 Uhr in Richtung Salem fährt, hat Vorfahrt, die entgegenkommende Draisine muss aus den Schienen gehoben werden. Nach 14 Uhr ist es dann andersherum.

FAZIT: LANDSCHAFTLICH LOHNENDE TOUR MIT DER DRAISINE, FÜR DIE MAN EINEN MUSKELKATER GERN IN KAUF NIMMT.

→ AUSFLÜGE ...

ÜBERS WASSER SCHIPPERN

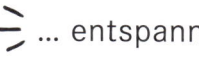 ... entspannte Peene-Paddeltour

 Ein Peene-Schnupperkurs ist diese Tour, die von Malchin über den Peenekanal in den Kummerower See bis nach Sommersdorf führt. Dass die Gaststätte Moorbauer direkt am Peenekanal wieder betrieben wird, freut Einheimische wie Touristen gleichermaßen.

Zum Moorbauern geht es nur über das Wasser. Wenn alle Schwäne zur Anreise in Benutzung sind, holt der Hausherr seine Gäste persönlich ab.

Wasserfreizeit Bremer, wo man sich ein Boot ausleihen kann. Dann geht es aus der Kleinstadt heraus, auf dem Peenekanal in Richtung Norden. Am rechten Ufer taucht schon bald der Moorbauer auf. Das ist kein Mensch, sondern eine windschiefe Baracke im Moor mit Kultstatus. Das Gebäude wurde vermutlich schon vor dem Krieg von Torfstechern errichtet. Zahlreiche Torflöcher und verwaiste Schienen zeugen in der gesamten Umgebung von dem einst intensiven Torfabbau.

Nach dem Krieg wurde das Gebäude von Flüchtlingen als Wohnhaus genutzt. Man versuchte, die Moorflächen zu besiedeln, und so hat die erste »Moorbäuerin« Mutter Schwarz nach 1945 vorbeifahrenden Schiffern immer etwas zu essen und zu trinken zubereitet und verkauft. In den Jahren danach wechselten sich zahlreiche Betreiber mit der Bewirtschaftung ab, bis die letzten die Gaststätte 2012 aufgaben. Seit Pfingsten 2019 wird der Moorbauer als Pop-up-Restaurant betrieben, und jedes Jahr können sich neue Pächter für eine Saison bewerben.

Am Wasserwander-Rastplatz Koesters Eck in Malchin trifft die Westpeene auf die Ostpeene. Genau hier befindet sich die Basis der

Dann fährt man mitten durch die überfluteten Torfstiche und das Moor mit seiner ganz eigenen Flora und Fauna. Biber und Fischotter sind hier zu Hause. Auf Höhe von Gorschendorf öffnet sich der Kanal zum Kummerower See. Der viertgrößte See der Seenplatte hat es mit 263 Millionen Kubikmeter Wasser echt in sich. Er ist ein wahres Wassersportparadies, und es gibt viel Fisch, den sowohl die Restaurants mit ihren Gästen als auch die Vögel des nahe gelegenen Niedermoors Gro-

Auf dem Weg zum Kummerower See: Die Bootshäuser reihen sich aneinander wie Perlen auf einer Schnur am Uferbereich des Peenekanals bei Malchin.

ßer Rosin (Eskapade #51) lieben. Da der See bei aufkommendem Wind ordentlich Wellen schlagen kann, hält man sich immer dicht am östlichen Ufer, an dem bald schon das prächtige Schloss Kummerow auftaucht. Der Anblick des Schlosses von der Seeseite aus berührt die Menschen schon seit 300 Jahren. Danach geht es weiter bis nach Sommersdorf. Am schönen Strand des Zeltplatzes hört man schon mal die Rohrdommel rufen. Alle, die zurück nach Malchin paddeln, tanken hier Kraft für den Rückweg, oder man wartet entspannt auf das Taxi für den Rücktransport.

Tipp: Der Zeltplatz von Sommersdorf ist eine naturbelassene Perle für alle, die es schlicht mögen und gern direkt am Ufer eines Sees zelten (www.camping-sommersdorf.de).

FAZIT: EINE REIZENDE TOUR, UM DEM GEHEIMNIS DER MOORE NACHZUSPÜREN.

Hin & weg: Nach Malchin kommt man mit der Bahn oder dem Auto, Parken am Bootsverleih. Der Rücktransport von Sommersdorf nach Malchin kann durch Taxi Flach (Tel. 039956 20421) erfolgen.

Beste Zeit: Pfingsten bis Anfang September ist Saison beim Moorbauern und das beste Wetter für eine Paddeltour.

Dauer & Strecke: 4–6 Std., 11 bzw. 22 km mit dem Boot.

Ausrüstung: Badesachen, Decke, Boot.

BUNTE STADT AM KLEINEN MEER

 ... Spaziergang mit Weitblick durch Röbel

Röbel liegt wasserseitig an einem Ausläufer der Müritz und ist landseitig in eine leicht hügelige Landschaft eingebettet. Erst von oben erschließt sich einem die Schönheit des Städtchens und seiner Umgebung voll und ganz.

Der Blick von den Bootshäusern nahe der Müritzpromenade auf die Kirchturmspitze von St. Marien ist lauschig. Andersherum ist der Blick spektakulär.

Nur ein paar Schritte von der Bushaltestelle entfernt mitten im Ort Röbel thront die Alte Mühle auf einem kleinen Hügel. Wo zuvor eine fürstliche Residenz in Schlossgestalt stand, drehen sich seit 1466 die Räder einer Windmühle. Heute lassen hier vor allem regionale Künstler ihre Ausstellungen rotieren. Von dort aus hat man einen guten Blick auf die Stadt.

Aber das Hügelchen ist zu klein, schnell will man mehr. Auf zum Turm der nahe gelegenen Kirche St. Marien! Nach 150 Treppenstufen ist man mit wild pochendem Herzen und leichtem Drehwurm oben im Turmzimmer angelangt. Vier Fenster, in Blumenform aus Stein gemauert, für jede Himmelsrichtung eines. Der Wind pfeift durch die Fenster und lässt die Haare im Sommerwind wehen. Reisende aus längst vergangenen Zeiten haben

Seit 1466 thront auf dem Burgberg über der Stadt Röbel eine Windmühle. Künstler aus der Region stellen darin im Sommer Fotografien und Malereien aus.

ihre Initialen ins Holz geritzt. Der Blick ist atemberaubend. Ein Fotoklassiker. Kein Wunder, dass es dieses Motiv schon auf so manches Cover geschafft hat. Sich daran sattzusehen, dauert. Und man entdeckt hier oben, worauf man unten einen genaueren Blick werfen mag. Bootshäuser reihen sich in einem malerischen Bogen an der engsten Stelle des Müritzarmes, da, wo es gleich auf das große Wasser hinausgeht. Wie mag wohl der Blick von dort auf den Kirchturm aussehen? In die andere Richtung geschaut, liegt einem die Stadt mit ihren beschaulichen Ringgassen einladend zu Füßen.

Wieder unten, gleich nebenan im städtischen Bürgergarten hinter dem Haus des Gastes, kann man unter alten Bäumen am Wasser stehen, bevor es in Richtung der von oben entdeckten Bootshäuser geht. An der lang gestreckten Uferpromenade laden Restaurants und Cafés zur Pause ein. Die Stadt hat ein sehr maritimes Flair. Und so ein Bootshäuschen direkt am Wasser, das lieben die Röbeler, hier sitzen sie zum Feierabend mit Freunden und erfrischen sich im kühlen See.

Am Regattahaus kehrt man um und geht in einem großen Bogen um den Mönchteich zurück in die Innenstadt. Fachwerkhaus reiht sich an Fachwerkhaus, frisch saniert, jedes in einer anderen Farbe. Im Zentrum thront dann noch eine zweite Kirche. Fast zeitgleich errichtet, aber zugehörig zu verschiedenen Bistümern, waren die Kirchen ab Mitte des

13. Jahrhunderts für die Gemeinden der deutschen und der slawischen Bevölkerung in sehr streng geteilten Stadtteilen da. Auf St. Nicolai kann man ebenfalls hinaufsteigen.

FAZIT: MEERURLAUB GEHT NICHT? DANN NICHTS WIE HIERHER!

Hin & weg: Parkmöglichkeiten gibt es unter anderem an der Wiesenstraße. Nach Röbel kommt man ab Waren mit der Buslinie 011.

Beste Zeit: Die Kirchen und ihre Türme sind von Mitte Mai bis Mitte Oktober täglich von 10–18 Uhr geöffnet.

Dauer & Strecke: 2–3 Std., etwa 6 km zu Fuß.

Ausrüstung: Fernglas, Kamera, Badesachen.

WENN WINNETOU DAS WÜSSTE

⋛ ... in der Prärie von Zislow ⋚

#37

Mecklenburg-Vorpommern ist ein Pferdeland. Die Weite und die wenig besiedelte Landschaft machen es den Pferden und ihren Besitzern leicht, hier zu leben. Besonders viele von ihnen gibt es im östlichen Hinterland des Plauer Sees bei Zislow.

#Pferdezöpfeallover #ersteReitstunde #WilderWestenimOsten #PferdebadimSee

Die sandigen Wege rund um Zislow eignen sich perfekt für Ausflüge auf dem Pferderücken.

Aufgewirbelter Staub und Sand im frühen Gegenlicht, davor mehr als 50 Pferde auf einer Koppel. Filmreif! Im Hintergrund strahlt das schöne, weiß getünchte Fachwerkhaus des Pferde- und Ferienhofes Zislow. Die Kulisse stimmt. Winnetou hätte es hier gefallen. Und den vielen Ferienkindern, die hier in Gruppen, auf Klassenfahrt oder mit ihren Fa-

milien Urlaub machen oder ein Wochenende verbringen, gefällt es auch.

Es ist ein Ort für Pferdeliebhaber und vor allem -liebhaberinnen. Die Pferdeschwanzdichte der herumeilenden Mädchen ist faszinierend hoch. Es ist ein Hof für alle, die den Kontakt mit den gutmütigen, schönen Tieren

Die denkmalgeschützte Dorfkirche mit ihrem frei stehenden Glockenturm ist das Wahrzeichen von Zislow.

suchen oder ihr eigenes Pferd mitbringen – für blutige Anfänger, jung gebliebene Reiter, Ponyfans. Überall gibt es Sand-, Feld- und

Waldwege, auf denen geritten werden darf. Fortgeschrittene nehmen ihre Pferde gern auch einmal mit zum Pferdebaden an den

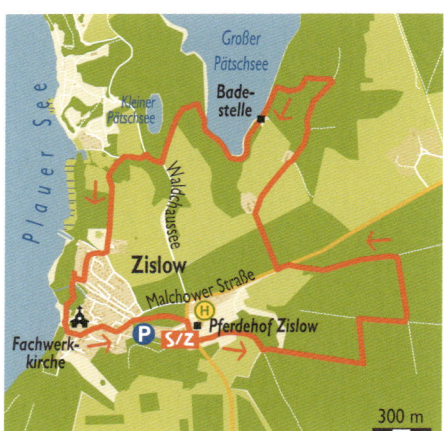

Hin & weg: Parken ist überall im Ort möglich. Nach Zislow gelangt man mit dem Bus von Malchow oder Waren aus. Wer länger bleiben mag, übernachtet am besten auf dem Pferdehof (www.pferdehof-zislow. de) oder auf einem der schönsten Zeltplätze Mecklenburgs gleich um die Ecke, dem Natur-campingplatz Zweiseen (www.zweiseen.de).

Beste Zeit: Im Frühling, Sommer und Herbst. Das Pferdebaden macht natürlich nur im Hoch-sommer Spaß.

Dauer & Strecke: Ein halber bis ganzer Tag, 7 km zu Fuß oder auf dem Pferd.

Ausrüstung: Falls man den Spaziergang zu Pferd unternehmen möchte, bekommt man alles auf dem Reiterhof.

In Zislow leben ähnlich viele Pferde wie Einwohner. Das höchste Glück der Erde ... sind badende Pferde.

Großen Pätschsee. Dorthin zu spazieren lohnt auch, wenn man ohne Pferd unterwegs ist.

Die Tour beginnt am Pferdehof in Zislow und folgt teilweise den Pfaden der Pferde durch den angrenzenden Wald. Dort, wo der Weg auf den Großen Pätschsee trifft, kann man mit etwas Glück ein seltenes Schauspiel beobachten: Pferde beim Baden. Erst scheu, dann immer mutiger schreiten die stolzen Tiere ins Wasser, bis sie übermütig werden und springen, dass es nur so spritzt. Der See ist glasklar und lädt auch Wanderer zur Erfrischung ins kühle Nass.

Ein Stück geht es noch am See entlang, bevor der Weg über Zislow zurück zum Pferdehof führt. Bei der Fachwerkkirche im Ort, auf dem Hügel direkt am Plauer See, steht eine Bank. Ein schattiges Plätzchen mit Traumblick. Perfekt, um die Seele baumeln zu lassen.

Tipp: Wer nicht nur zuschauen, sondern selbst reiten möchte, ist hier am genau richtigen Ort. Die Atmosphäre auf dem Reiterhof ist herzlich und privat, obwohl er mit insgesamt über 100 Pferden und 22 Ferienwohnungen keine kleine Unternehmung ist. Die Mitarbeiter kennen das Zislower Wegenetz genau und können die perfekten Touren für den Ausritt empfehlen.

FAZIT: NOCH NIE GERITTEN? WARUM NICHT JETZT? WO, WENN NICHT HIER?

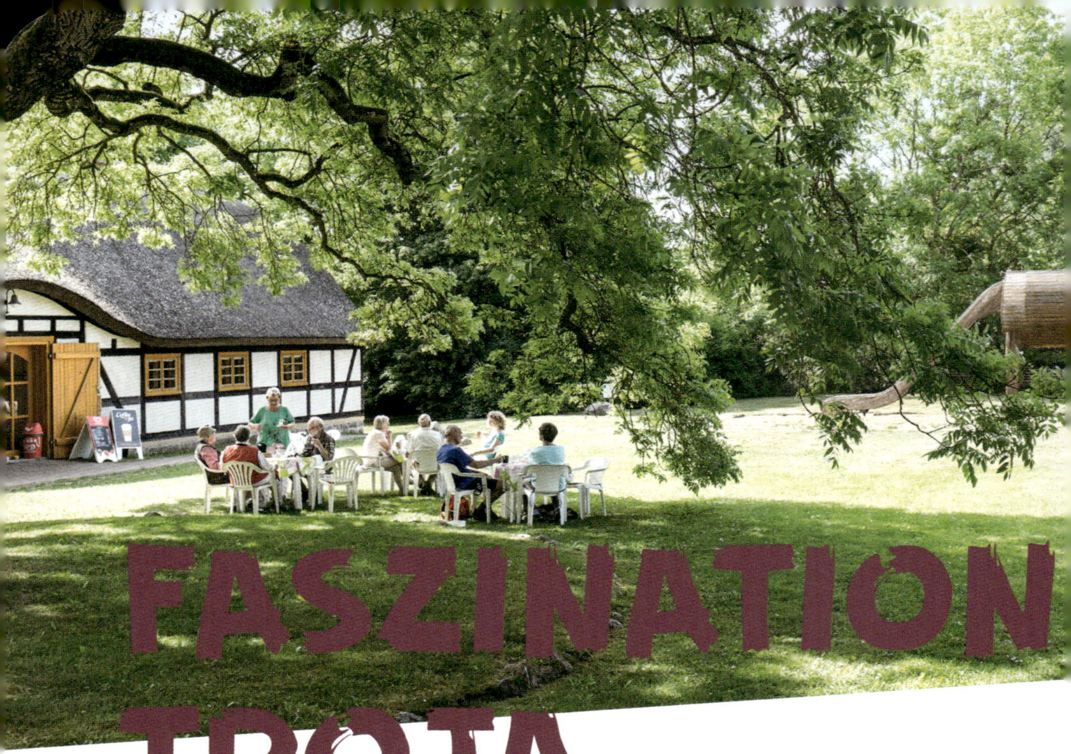

FASZINATION TROJA

… Rundweg bei Ankershagen

#38

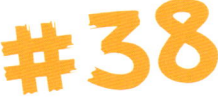

Die schöne und geheimnisvolle Landschaft um Ankershagen mit ihren Findlingen, Großstein- und Hügelgräbern inspirierte den kleinen Heinrich Schliemann zu seinen großen Entdeckungen. Auch heute noch gibt es hier etwas zu entdecken, nämlich die unscheinbare Quelle der Havel.

#analogerTrojaner #Forscherwiege #frischesWasser #wackligerKirchturm

Im Bauch des sechs Meter hohen
Trojanischen Pferdes verstecken
sich heutzutage die Kinder.

Wir schreiben das Jahr 1830. Der achtjährige Heinrich Schliemann ist hin und weg von der altgriechischen Lektüre Homers, der »Ilias« und der »Odyssee«. Als er ein Bild des brennenden Troja sieht, beschließt er, die Stadt auszugraben. Doch bis es so weit ist, streift er durch die Wälder seines Heimatdorfes, auch hier gibt es vieles zu entdecken. Niemand im Dorf ahnt, was für einen großen Forscher das kleine Ankershagen hervorbringen wird. Fast 200 Jahre später gibt es hier kaum etwas anderes als die Erinnerung an Heinrich Schliemann.

Bei seinem Elternhaus, dem heutigen Heinrich-Schliemann-Museum, startet der Spaziergang, der, mit einem orangefarbenen Reh beschildert, westwärts aus dem Dorf herausführt und bald am Hügelgrab »Königswiege« vorbeiführt. Einer Sage zufolge soll hier ein heidnischer Fürst sein Lieblingskind in einer goldenen Wiege bestattet haben.

Am Mühlensee, der zum Müritz-Nationalpark gehört, lassen sich vom Ausguck Entenschnapper zahlreiche Vogelarten auf dem Wasser beobachten. Wenn man Glück hat,

Diese offizielle Quelle der Havel ist nicht die echte! Um sie zu entdecken, muss man um den Bornsee wandern und durch das ihn umgebende Quellgebiet.

sieht man See- und Fischadler, Kraniche, Graugänse und die Rohrweihe. Sogar die Rohrdommel brütet dort schon viele Jahre. 26 Fischarten sollen sich in dem Wasser tummeln. Hinter der schönen Badestelle im See (mit Steg und Sprungturm!) markiert eine Informationstafel die Wasserscheide von Nord- und Ostsee. Kurz dahinter liegt auf einer schönen Lichtung mit Picknickplatz die Havelquelle Dieckenbruch.

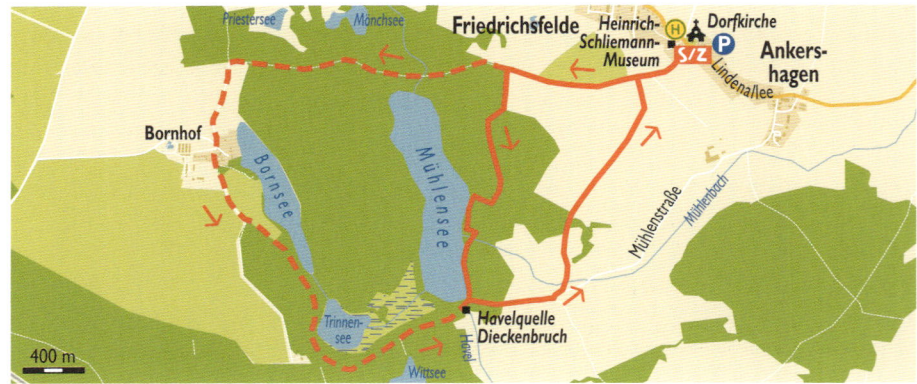

Die Ruine einer ehemaligen Wassermühle an der Alten Salzstraße: Schon vor dem Mittelalter führte hier ein alter Handelsweg von der Ostsee zum Mittelmeer.

Aber Vorsicht, die Quelle ist nicht echt! Dafür ist sie das, was man sich so unter einer Quelle vorstellen möchte: eine kleine Pfütze mit Loch, aus dem es sprudelt. Der symbolische Beginn der Havel als 334 Kilometer langer Fluss durch Norddeutschland. Die Havel hat also noch eine zweite Quelle, die sich nicht als solche zu erkennen geben möchte – einen See ganz in der Nähe, den Bornsee. Wer diesen auch noch anschauen möchte, wendet sich an der Weggabelung bei der künstlichen Quelle nach rechts und folgt ab hier dem Wegweiser mit dem roten Hirsch über den Bornsee nach Ankershagen. Der kürzere Weg führt nach links über die Wasserburgruine und das Wehrschloss der Familie von Holstein zurück nach Ankershagen.

Auf dem Friedhof bei der alten Feldsteinkirche ist Schliemanns Mutter begraben. So bescheiden ließ sich Schliemann nicht abspeisen. Er erwählte den Athener Friedhof zu seiner letzten Ruhestätte. Sein Grabmal ist dem Tempel der Athena Nike nachempfunden, auf dem Portal liest man auf Griechisch »dem Helden Schliemann«.

Hin & weg: Mit öffentlichen Verkehrsmitteln ist Ankershagen leider nur sehr schlecht zu erreichen. Parken kann man überall im Ort.

Beste Zeit: Ganzjährig möglich. Die Tour hat auch im Februar ihren Reiz. Dann wird man allerdings die Badestelle auslassen.

Dauer & Strecke: 3–4 Std., 5 km bzw. 10 km, wenn man noch die Runde über den Bornsee dreht.

Ausrüstung: Fernglas, Badesachen, Trinkbecher und eine Ausgabe von Homers »Ilias«.

Tipp: Das Heinrich-Schliemann-Museum (www. schliemann-museum.de) im alten Pfarrhaus aus dem 18. Jahrhundert gedenkt mit kritischem Blick dem Kaufmann und Archäologen sowie seiner Verdienste um die Entwicklung der modernen Archäologie. Im Garten neben dem sehr einladenden Café können Kinder vom Wahrzeichen des Ortes, einem sechs Meter hohen Trojanischen Pferd, auf die Wiese rutschen.

> **FAZIT: EBENSO VERZWICKT WIE DIE EROBERUNG TROJAS IST DIE BESTIMMUNG DER RICHTIGEN QUELLE DER HAVEL.**

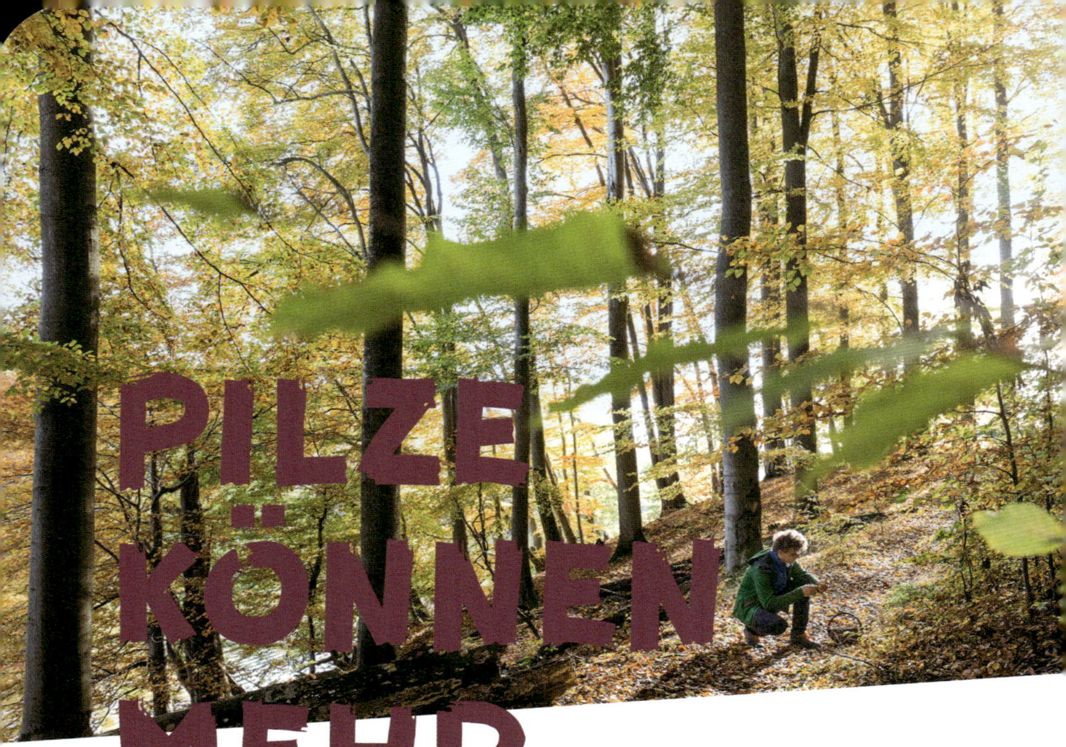

PILZE KÖNNEN MEHR

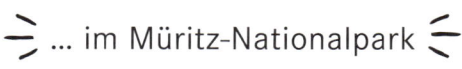

... im Müritz-Nationalpark

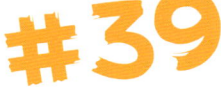

#39

Pilze kann man essen, klar. Manche sind giftig, andere fabrizieren interessante Rauschzustände. Alles schon mal gehört. Aber ihr wichtigstes Geheimnis steckt in ihrer medizinischen Heilkraft.

#Pilzesammeln #Glückspilz #immerderNasenach #Heilkraft #Geheimnisse

→ AUSFLÜGE

Als wäre in Mecklenburg alles ein bisschen schöner als anderswo. Auch die Steinpilze sind besonders stattlich.

Wer sich zu einer Pilzwanderung auf den Spuren des Pilzexperten Dr. Jochen Kurth aus Feldberg begibt und auf eine leckere Steinpilz-Pfifferling-Pfanne am Abend hofft, wird bitter enttäuscht werden. Denn für den ehemaligen Biochemiker und Toxikologen sind diese schnöden essbaren Vertreter seines Spezialgebietes nur von sehr geringem Interesse. Der seit Kurzem im Ruhestand befindliche Dr. Kurth gab früher Führungen, bei denen man meinte, die versammelte Gruppe Interessierter käme frisch von einem Casting, auf dem Hexenmeister und Zaubertrankbrauer für eine neue Folge »Harry Potter« gesucht wurden. Nun kann man eine Pilzwanderung auf eigene Faust mit einem seiner Bücher, zum Beispiel mit »Dr. Kurths Heilpilzvademecum«, unternehmen.

Ist ein Pilz gut (also medizinisch nutz- oder essbar) oder giftig – das ist hier die Frage. Bestimmungsbücher machen die Wanderung noch interessanter.

den Pilzen stecken mitunter sagenhafte Heilkräfte. Der Igelstachelbart zum Beispiel kann das Verdauungssystem schützen: Sodbrennen reduzieren, Reizmagen vorbeugen oder das Darmsystem beruhigen. Schmetterlingstramete hilft gegen Blasenentzündung oder Grippe. Und Judasohr hilft gegen Tinnitus. Die Traditionelle Chinesische Medizin weiß dies schon seit Jahrtausenden.

Natürlich weiß der große Meister auch über die Speisepilze bestens Bescheid. So empfiehlt er den getrockneten *Mycetinis scorodonius* zur Verfeinerung von Suppen. Der *Mycetinis scorodonius* (Echter Knoblauchschwindling) steht fast überall herum. Wenn man ihn nicht kennt oder sucht, wird man ihn immer übersehen, denn er ist vor allem eines: dünn. Und er riecht unglaublich stark nach Knoblauch. Man kann sich gut vorstellen, dass er kräftiger nach der Lauchpflanze schmeckt als diese selbst. Es ist kein Wunder, dass sich auch Sterneköche vom Wissen des alten Professors inspirieren lassen. Von Zeit

Solch eine Wanderung entpuppt sich abhängig vom Vorwissensstand als äußerst interessante Einführung zu den weniger bekannten Geheimnissen aus der Pilzwelt. Denn in unansehnlichen oder zumindest giftig aussehen-

Das Erlebnis des Pilzesammelns sollte man sich nicht entgehen lassen, auch wenn man sich nicht auskennt. Es gibt viele Pilzberater, die einem die Ausbeute im Korb gern durchsortieren.

zu Zeit experimentiert Daniel Schmidthaler vom Restaurant Alte Schule Fürstenhagen (www.restaurant-alteschule.com) bei Feldberg mit Kurths Fundstücken.

Wer doch nur eine einfache schnöde Pilzpfanne mit selbst gesammelten Klassikern

---

Hin & weg: Am besten mit dem eigenen Auto, Parken ist überall am Wegesrand möglich.

Beste Zeit: Die Profis sagen, Pilze gebe es zu jeder Jahreszeit. Am leichtesten sind sie im Herbst zu finden.

Dauer: Einen halben bis ganzen Tag.

Ausrüstung: Korb, Messer, Pilzbuch, etwa »Dr. Kurths Heilpilzvademecum« (oder jemanden, der sich auskennt), Gummistiefel, Glück.

---

zum Abendessen mag, sollte bei den richtigen Wetterbedingungen einfach auf eigene Faust losgehen und Dr. Kurths Buch zu Hause lassen. Echte Prachtexemplare von Steinpilzen und Pfifferlingen werden hier aus den Wäldern geschleppt! Wer im Nationalpark sucht, darf nur für den eigenen Bedarf ernten.

Tipp: Im Müritz-Nationalpark bei Schwarzenhof, in den Wäldern bei Rutenberg, einem Ortsteil von Lychen, und in den Wäldern bei Schloss Basthorst, östlich von Schwerin, lässt es sich besonders schön nach Pilzen suchen.

FAZIT: PILZE SIND DEFINITIV NICHT NUR ZUM ESSEN DA.

BUCHEN SOLLST DU SUCHEN

 ... Wanderung im Serrahner Buchenwald

#40

Könnte die Buche, wie sie wollte, wäre sie der dominante Baum in unseren Wäldern. In der Realität sind Buchenurwälder längst aus Mitteleuropa verschwunden. Der Wald um Serrahn im Müritz-Nationalpark ist einer der wertvollsten verbliebenen Reste großflächiger Buchenwälder in Deutschland.

In die Waldwildnis bei Serrahn haben die Menschen aufgrund glücklicher Umstände seit über 150 Jahren nicht eingegriffen. Das macht den Wald zu einem einzigartigen Biotop.

Der Jagdleidenschaft der Mecklenburg-Strelitzer Großherzöge ist es zu verdanken, dass es die Serrahner Buchenwälder in ihrer Wildheit, Schönheit und schon lange währenden Unberührtheit gibt. Denn bereits Anfang des 19. Jahrhunderts ließen sie den Wald umzäunen, um ihn vor Wild- und Holzdieben zu bewahren. Später wurde er Naturschutzgebiet und Waldreservat und ist heute als Nationalpark und UNESCO-Weltkulturerbe geschützt.

Der Walderlebnispfad führt vom Wanderparkplatz in Zinow bis nach Serrahn und zurück. Wer der Wegmarkierung mit dem grünen Buchenblatt folgt, gelangt auch zum Aussichtsturm am Großen Serrahnsee und zu einem intakten Moor, das man über einen Holzsteg überqueren kann. Der Weg ist nicht lang, aber man braucht viel Zeit, um ihn zu erkunden, denn wie bei vielen großen Dingen liegt der Reiz im kleinen Detail.

Der rund acht Kilometer lange Walderlebnispfad ist gut ausgeschildert. Auf Holzstegen geht es auch durch die Moorlandschaft.

Die einzigartige, von Seen, Mooren und Feuchtgebieten durchzogene Waldwildnis, in die der Mensch seit etwa 150 Jahren nicht eingegriffen hat, ist mit ihren üppigen Totholzbeständen Heimat für unzählige Tiere, Pflanzen und Pilze. Der alte Wald ist eine Kostbarkeit in unserer intensiv genutzten Kulturlandschaft und eine Schatztruhe der biologischen Vielfalt. Überall krabbelt und kriecht es. Und wie es hier riecht: nach Moos, Flechten, Pilzen, vermodertem Holz und Feuchtigkeit. Der Wald ist seit jeher ein heilsamer Sehnsuchtsort der Menschen. Manche der Buchen hier werden bald 300 Jahre alt. Sie waren schon da, als Kant, Goethe, Katharina die Große, Mozart und Napoleon noch auf der Erde wandelten.

Auf der abwechslungsreichen Wanderung kann man viel über den Wald und seine Bewohner erfahren. Es gibt Informationstafeln, eine Lauschecke in einem Totholzstamm und zwei Hängematten, die den entspannten Blick in die Baumwipfel freigeben. In dem kleinen Örtchen Serrahn präsentiert die Ausstellung »Im Reich der Buchen« zahlreiche kleine Geheimnisse, die man draußen nicht auf den ersten Blick erkennt.

Wer die Nase, Ohren und Augen öffnet und den Wald hineinlässt, wird den »Urwald« des UNESCO-Weltnaturerbes mit seinen Baumriesen, der besonderen Ästhetik stehender und umgefallener toter Bäume und den nach Licht strebenden jungen Buchen besonders intensiv erleben. Dunkelgrüner Frieden, blickdicht verschlossen, der rauscht und berauscht in seiner universellen Sprache, die man in jedem Land versteht.

Hin & weg: Anreise ab Neustrelitz mit dem Bus Linie 619 bis Zinow, oder mit dem eigenen Auto zum Wanderparkplatz Zinow.

Beste Zeit: Im Herbst, wenn die bunten Blätter fallen.

Dauer & Strecke: 4–5 Std., 8 km.

Ausrüstung: Alle Sinne mitnehmen!

FAZIT: WER HIER LANGSAM GEHT, KOMMT SCHNELLER AN.

3. KAPITEL
MINIURLAUB

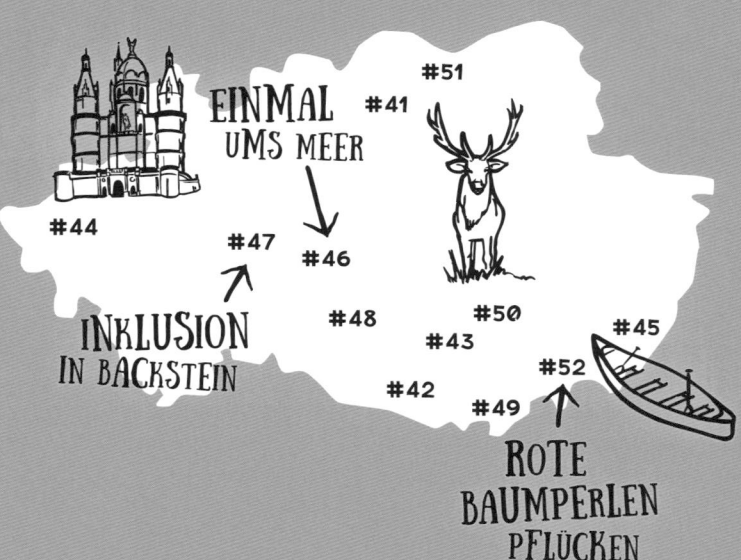

EINMAL
UMS MEER

#51

#41

#44

#47

#46

INKLUSION
IN BACKSTEIN

#48

#50

#43

#45

#42

#49

#52

ROTE
BAUMPERLEN
PFLÜCKEN

Ferien für ein Wochenende

Herrschaftliche Schlösser, wilde Zeltstellen und ein 10-Seen-Halbmarathon – perfekte Zutaten für abenteuerliche Wochenenden draußen in der wunderbaren Natur.

36 H

FÜR JEDEN PEDALTRITT EIN SCHLOSS

=- ... in der Mecklenburgischen Schweiz -=

Auf dieser Radtour geht es ordentlich rauf und runter. Das anstrengende Bergauf wird mit rollenden Abfahrten durch prächtige Alleen vorbei an herrschaftlichen Schlössern belohnt.

Beeindruckend an Schloss Basedow
ist das gekonnt kitschige Zusammen-
spiel diverser Bauphasen.

Eine solch hohe Dichte an Schlössern, Guts- und Herrenhäusern findet man in keiner anderen Region Europas. Von den ursprünglich 3 000 feudalen Schmuckstücken schafften es nur etwa 2 000 bis zum Ende des Zweiten Weltkrieges. Danach erging es ihnen nicht besser. In der DDR herrschte Mangelwirtschaft, hochwertige bauliche Sanierungsarbeiten waren eine Seltenheit. Als Flüchtlingsheim, Kita, Konsum, Pflegeheim oder Wohnraum erfuhren sie unsanfte Umnutzungen. Aber so konnten sie nochmals 40 Jahre irgendwie überstehen, ehe für viele der adligen Schönheiten die Rettung kam.

Seitdem stecken das Land Mecklenburg-Vorpommern und die privaten Guts- und Schlossherren jedes Jahr Millionen Euro in die Immobilien. Aber um ein Schloss zu retten, braucht es mehr als Geld. Und so ist jede

Man muss nicht unbedingt im Luxushotel Burg Schlitz nächtigen, um den Genuss feudaler Herrlichkeit zu erleben. Auch das Restaurant und der Park beeindrucken.

einzelne Geschichte der privaten »Schloss-retter« einzigartig, dramatisch, hochspannend und Respekt einflößend zugleich. Vor

allem aber handeln diese Geschichten immer von Liebe und Leidenschaft. In der Region um den Malchiner See stehen ein paar herausragende Schönheiten. Wer sie mit dem Fahrrad erkundet, lernt gleichzeitig die unberührte Landschaft mit den strohgelben hügeligen Feldern, tiefen Wäldern und stillen Seen kennen. Die Tour startet in Malchin. Über Schloss Basedow mit dem Lennépark (Eskapade #4) geht es auf dem großen Schlösserradweg, der mit dem Symbol »Weißes Schloss« markiert ist, zur Wasserburg Liepen und von dort aus weiter nach Ulrichshusen. »»Kann nicht‹ liegt auf dem Friedhof und ›Geht nicht‹ gleich daneben«, soll Helmuth Freiherr von Maltzahn gesagt haben, als er 1993 die Ruine des Familienbesitzes Schloss Ulrichshusen in ein Hotel am See mit Konzerthalle verwandelte.

Der Skulpturenweg zwischen Burg Schlitz und Görzhausen ist ein Ausstellungsraum für Gegenwartskunst unter freiem Himmel.

Fast jedes Dorf hat hier sein eigenes Guts- oder Herrenhaus. Grund für die Vielzahl an Schlössern und Herrenhäusern ist die Spaltung der jeweiligen Herzogtümer. Denn bis zum Jahr 1701 ging in Mecklenburg die Erbfolge nicht allein auf den erstgeborenen Sohn über, jüngere Brüder mussten an der Macht beteiligt werden. Das hatte oft eine Teilung der Landflächen zur Folge. Anschließend brauchten die neuen Herren eine eigene Residenz, die nach Möglichkeit Bewunderung auslösen sowie Reichtum und Macht repräsentieren sollte.

Die Radtour führt abwechslungsreich über Feldwege, Kopfsteinpflasterstraßen und asphaltierte Nebenstraßen durch wunderschöne Landschaften. In Görzhausen kann man in einer Open-Air-Galerie entlang des Feldweges nach Schlitz Skulpturen der Gegenwart bewundern.

Am Wegweiser Röthelberg sollte man unbedingt absteigen, die Räder anschließen und zu Fuß dem kleinen Pfad folgen, der nach wenigen Schritten auf den 96 Meter hohen Gipfel führt. Ein Picknickplatz lädt zur Rast mit grandiosem Ausblick. Danach geht es weiter auf dem Schlösserpfad über Burg Schlitz, Schloss Schorssow, Bülow und Bristow – wer möchte, macht einen Abstecher über Remplin – zurück nach Malchin.

Hin & weg: Nach Malchin kommt man mit der Bahn oder dem Auto. Parken ist überall im Ort möglich.

Beste Zeit: Frühjahr bis Herbst. Jede Jahreszeit hat hier ihren Reiz.

Dauer & Strecke: 2–3 Tage, 70 km mit dem Rad.

Ausrüstung: Fahrrad, Proviant.

Wenn es Nacht wird: Die Schlösser Schlitz (www.burg-schlitz.de) und Schorssow (www.schloss-schorssow.de) gehören zu den hochpreisigen Kandidaten. Auch Ulrichshusen ist eine feine Adresse, außerhalb der Saison bekommt man hier gute Deals (www.ulrichshusen.de).

FAZIT: ROLLENDES RAUF UND RUNTER MIT ADLIGEN SCHÖNHEITEN AM WEGESRAND.

JETZT FAHRN WIR ÜBERN SEE

… Paddelrunde auf der Kleinseenplatte

#42

Mehr als 10 000 Mal sticht das Paddel auf der Zehn-Seen-Tour ins Wasser. Und es wird einem überhaupt nicht langweilig dabei. Im Gegenteil: Die Tour de Crème unter den Paddelrouten führt über kleine Kanäle und große Seen mit klarem Wasser, weitestgehend motorbootfrei.

Lauschige Rastplätze gibt es so einige am Wegesrand, besonders schöne im Drosedower Bek.

Buntes Treiben herrscht an der Fleether Mühle. Hier sammelt sich das Volk. In der Hauptsaison oder an verlängerten Wochenenden erlebt man Massenabfertigung bei Pizza und Pommes – eine Seltenheit in dieser Region. Die Zehn-Seen-Runde ist beliebt, man befindet sich im Epizentrum der Kleinseenplatte. Je nachdem, wie der Wind steht, beginnt man die Tour über den Rätzsee oder in Richtung Vilzsee. Gegenwind auf dem Rätzsee sollte man unbedingt meiden, bei hohen Wel-

len kann der Ausflug wortwörtlich »schnell ins Wasser fallen«. In jedem Fall gehören die wichtigen Dinge – Kamera, Handy und Schlafsäcke – in die wasserdichten Tonnen, die einem der Bootsverleiher mit auf den Weg gibt. Alles andere wird in die vorderen und hinteren Bootsspitzen gestopft.

Wenn der Wind mitspielt, ist der Rätzsee eine gute Wahl für den Anfang. Fast wie auf dem Meer paddelt man dahin und hält sich mög-

Eine Holzbrücke verbindet den Ort Drosedow mit dem Niemandsland auf der anderen Seite vom Drosedower Bek.

das Boot heran. Ganz am Ende des Sees geht es in einer scharfen Rechtskurve ins Drosedower Bek, einen schmalen Verbindungskanal zum Gobenowsee. Überall zwitschert, zirpt, unkt und ruft es aus dem Wald, Baumwurzeln ragen ins Wasser.

Der Kanuhof Wustrow ist wirklich noch ein richtiger Zeltplatz. Unter alten Obstbäumen stehen die Zelte. Keine Wohnwagen, Wohnmobile oder Autos in Sicht, keine Vorzelte, Hecken und Sichtschutzwände – herrlich. Dafür liegen Boote vor fast jedem Zelteingang. Wer hier schläft, spart die einzige Umtrage, denn für die Nacht muss man das Boot ja eh aus dem Wasser ziehen.

Am nächsten Morgen paddelt man durch den schönsten Abschnitt der gesamten Tour. Die Schwanenhavel ist schmal wie ein Schwanenhals, Bäume biegen sich wie eine Brücke über das Wasser. Kommen Boote entgegen, wird es eng. Abwechslungsreich reihen sich Drewensee, Wangnitzsee, der große Priepertsee und der Ellbogensee aneinander. Im Ellbogenknick des Letzteren liegt ein Naturcampingplatz (Eskapade #49). Es ist der Lieblingsplatz der hippen Berliner, gefühlt tummeln sich hier mehr Kinder als Erwachsene. Am Abend gibt es Lagerfeuer für alle. Ein guter Ort, um die zweite Nacht zu verbringen.

lichst dicht am Ufer. Vor den leisen Paddelschlägen fliehen die brütenden Blessrallen nicht, Schwäne kommen neugierig dicht an

Im letzten Abschnitt gilt es, drei Schleusen zu passieren. Der geräucherte Fisch im Fischereihof bei der Canower Schleuse schmeckt sehr lecker und kann direkt am Wasser auf dem Steg verspeist werden. Wer die letzte

Auf dem Kanuhof Wustrow nächtigen Wasserwanderer auf einer Wiese mit alten Obstbäumen. Die An- und Abreise findet hier ausschließlich auf Wasserwegen und mit Muskelkraft statt.

Schleuse im kleinen Ort Diemitz an einem Sonntagabend während der Sommermonate passiert, darf sich im Anschluss das Schleu-

Hin & weg: Vom Bahnhof in Mirow ist man in weniger als 10 Min. mit dem Bus 661 an der Fleether Mühle, hier kann man auch gut parken.

Beste Zeit: Frühling bis Herbst. Jede Jahreszeit hat ihren Reiz, aber im Frühling und Herbst ist auf der Strecke weniger los.

Dauer & Strecke: Ein ganzes Wochenende, ca. 48 km mit dem Boot.

Ausrüstung: Boot, Verpflegung für ein Wochenende, Kocher, Hängematte, Zelt.

Wenn es Nacht wird: In der ersten Nacht übernachtet man auf dem Kanuhof Wustrow (www.kanuhof-wustrow.de), in der zweiten Nacht auf dem Naturcampingplatz am Ellbogensee (www.ellbogensee.de).

sentheater des Biber-Ferienhofes nicht entgehen lassen. Die Zuschauer sitzen auf der einen Seite der Schleuse, während die Bühne auf der gegenüberliegenden Seite steht. Von hier aus ist es dann auch nicht mehr weit zurück zur Fleether Mühle, dem Ausgangspunkt dieser Eskapade.

FAZIT: AUFGEPASST UND MITGEZÄHLT! HIER BEKOMMT MAN MEHR GEBOTEN, ALS DER NAME VERSPRICHT, DENN ES SIND EHER 20 ALS ZEHN SEEN AUF DER TOUR.

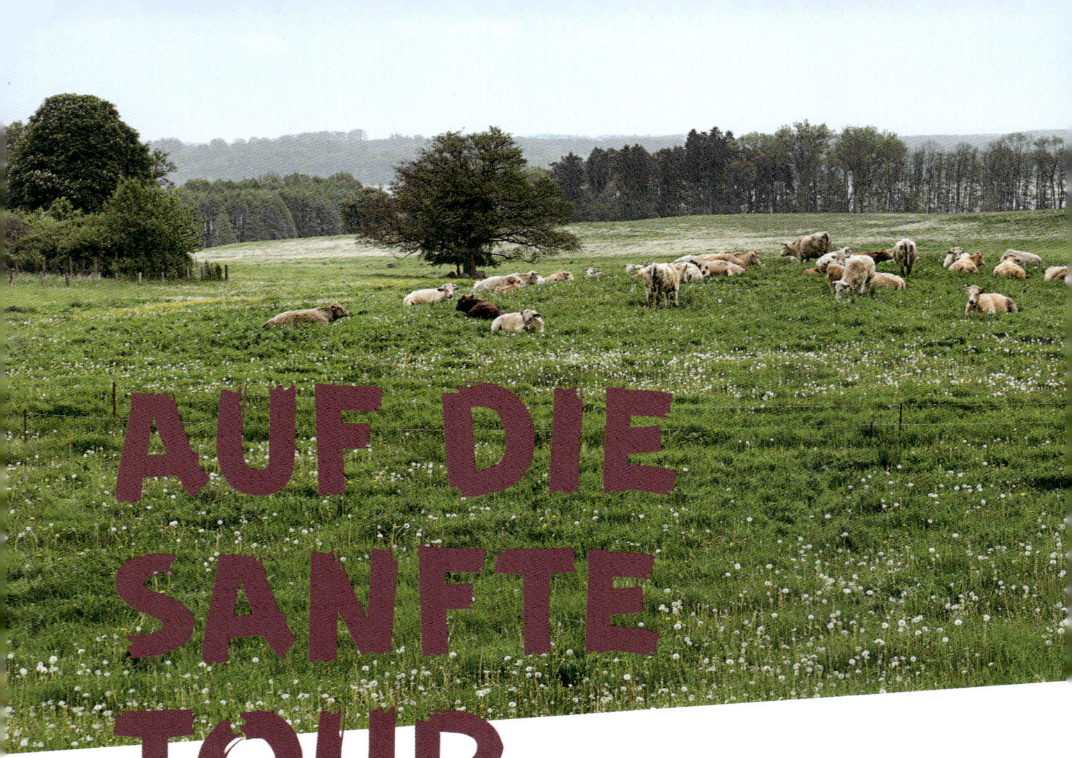

AUF DIE SANFTE TOUR

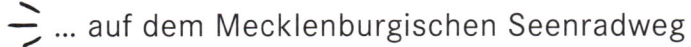

… auf dem Mecklenburgischen Seenradweg

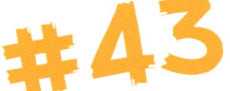

#43

Radel-Landpartie durch das hügelige Randgebiet der Kleinseenplatte bis zum Nordzipfel des Tollensesees. Hier liegt Neubrandenburg mit dem am besten erhaltenen Altstadtring der norddeutschen Backsteingotik.

#hügeligesHinterland #BacksteingotikvomFeinsten #LadyLuise #BadenimSee

Die Dorfanlage Alt Rehse ist eine gebaute Idylle aus der Zeit des Nationalsozialismus.

Wesenberg am Ufer des Woblitzsees hat einen wohltuend dörflichen Charakter. Unterhalb der Burg am Hafen ist es besonders chillig. Wer abends ankommt und gleich zu Beginn der Tour einen Schlafplatz für sich und sein Zelt sucht, ist hier am Wasserwander-Rastplatz genau richtig. Auch etwas zu essen gibt es gleich um die Ecke, bei der Seenfischerei Obere Havel.

Von Wesenberg aus geht es auf einer wenig befahrenen Straße vorbei am Großen Labussee zur Useriner Mühle. Im Wald gleich

nebenan, aber nicht direkt auf der Route, liegt der Wolfsfang Zwenzow. Wer wissen will, wie sich die Menschen in früheren Zeiten dem Hauptfeind ihrer Schafe entledigten, macht einen kleinen Abstecher hierhin zu Fuß (Eskapade #3). Am Zierker See radelt man immer ganz nah am Wasser entlang und bekommt das Blau doch recht selten zu sehen. Dafür präsentiert sich die ehemalige Residenzstadt Neustrelitz mit ihrer sternförmigen Stadtanlage als einzigartiges Barockensemble. Auch auf die Gedächtnishalle für die Königin Luise von Preußen im Schlossgarten sollte

Die Schlosskirche von Neustrelitz ist eine der vielen Sehenswürdigkeiten am Wegesrand. Sie liegt am Eingang des barocken Schlossparks, dessen Originalzustand gemäß alten Plänen wiederhergestellt wurde.

man einen Blick werfen. Die charmante junge Dame aus dem Hause Mecklenburg-Strelitz eroberte das Herz Friedrich Wilhelms III. wie im Fluge. Aus einer zunächst politisch arran-

gierten Ehe wurde eine Liebesheirat. Wie Lady Di oder Kaiserin Sisi wird Luise bis heute als Mythos verehrt.

Hinter Neustrelitz öffnet sich der Müritz-Nationalpark mit seiner Außenstelle Serrahn und den fantastischen Buchenwäldern (Eskapade #40) bis zur terrassenartigen Landschaft des Tollensesees. Hügeliges Hinterland, in dem kleine verwunschene Dörfer, Backsteinkirchen, Seen und Badestellen am Wegesrand liegen. In Goldenbaum unbedingt eine Rast im schönen Café Kudu einlegen.

Ein Plätzchen zum Wildcampen findet sich hier überall. In Mecklenburg erlaubt einem das Jedermannsrecht, bei unmotorisierter Anreise für eine Nacht sein Zelt aufzuschlagen, wo immer man mag und niemanden stört.

Außerhalb von Naturschutzgebieten natürlich. Es ist das Sahnehäubchen jeder Radtour. Man befindet sich abseits der Zivilisation, der Zeltplatzbar und der warmen Dusche. Die Erfrischung im See ist so viel schöner, vor allem wenn man danach mit einem Bier im Sonnenuntergang vor seinem Zelt am Seeufer sitzt.

Über Wustrow mit seinem bronzezeitlichen Hügelgrab geht es weiter nach Alt Rehse. Hier stehen sehenswerte reetgedeckte Fachwerkhäuser aus den 1930er-Jahren. Hinter dem Ort wird das Brodaer Holz durchquert, ein ausgedehntes Mischwaldgebiet, das letzte Stück Natur vor Neubrandenburg. Wer eine Abkürzung nehmen möchte, kann mit dem Linienschiff Rethra über den See in die Stadt fahren. Auf dem Weg zum Bahnhof lohnt es sich unbedingt, durch die Innenstadt mit ihrer gut erhaltenen Wehranlage und den vier prächtigen Stadttoren zu radeln.

FAZIT: STADT-NATUR-MIX MIT EINEM LUXUS DER BESONDEREN ART: WILDCAMPEN.

Hin & weg: Nach Wesenberg kommt man mit der Bahn und von Neubrandenburg zurück ebenso. Parkplätze gibt es in Bahnhofsnähe.

Beste Zeit: Frühjahr bis Herbst.

Dauer & Strecke: 2–3 Tage, 81 km mit dem Fahrrad.

Ausrüstung: Fahrrad, Zelt, Essen und Getränke für 2–3 Tage.

Wenn es Nacht wird: Wer sich traut, probiert das Wildcampen außerhalb der Naturschutzgebiete.

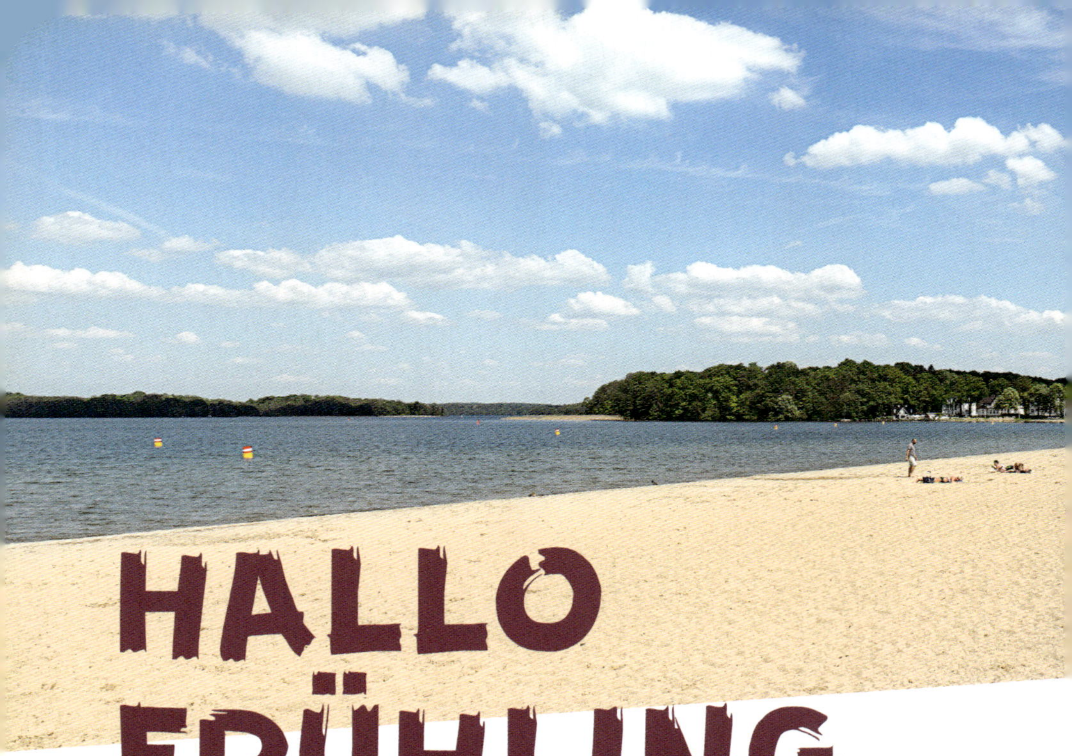

HALLO FRÜHLING

... radeln am Südufer des Schweriner Sees

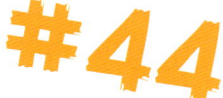

#44

Endlich Frühling! Wer sich nach dem Winter nach Flieder, Kirschblüten und bunten Frühblühern sehnt, kann im April oder Mai das dicke Ende des Schweriner Sees erkunden und im Freilichtmuseum Mueß pausieren.

#StadtstrandmitSchlosskulisse #FrühlingstraumimMuseumsgarten #Zeitreise

Alte Bauernhäuser und blüten-
prächtige Obstgärten findet man
im Freilichtmuseum Mueß.

Am Schweriner Bahnhof geht es los. Nach einem kurzen Schlenker durch die Stadt taucht schon das stattliche Schloss der Obotritenfürsten am Ende der Straße auf. Zartes Grün empfängt einen im Schlossgarten. Bunt betupfte Blumenrabatten und zu Leben erwachende Hecken und Bäume schmeicheln der unterkühlten vergrauten Seele. Die Gärtner leisten hier gute Arbeit.

Das Schloss im Rücken, biegen wir in den Franzosenweg ein. Allerdings nicht allein, denn wenn im April die Sonne die Landeshauptstadt verwöhnt und den winterlichen

Nebel vom See verdrängt, dann ist es wieder so weit: Die Schwerinerinnen und Schweriner zieht es zu ihrer autofreien Traumstraße. Die Inliner werden aus dem Keller geholt, das Fahrrad geputzt, der Spazierstock entstaubt, und dann wird flaniert.

Links liegt das Ruderhaus mit dem Vereinshaus der Schweriner Rudergesellschaft, nebenan das Café mit der schönsten Terrasse an der Schlossbucht und dem besten Blick. Unbedingt als Rastort für den Rückweg merken! Rechter Hand liegt der Küchengarten. Zu Großherzogs Zeiten wuchsen hier Dill, Peter-

Im Café und Restaurant Ruderhaus gibt es den besten Blick auf das märchenhafte Schweriner Schloss.

silie, Gurken, Kartoffeln und sogar Bananen und Zitrusfrüchte für die Schlossküche.

Ein Stück weiter weist ein Abzweig nach Adebors Näs, wo ein Holzsteg auf die Halbinsel mit bester Sicht aufs Schloss führt. Wer hier hinter dem Holzsteg rechts und links des Weges den Waldboden betrachtet, erkennt, worauf Schwerin gebaut ist. Die Obotriten mussten einst viele Flächen für die Stadtbebauung dem Sumpf abringen. Und später, in den

Hin & weg: Nach Schwerin gelangt man mit der Bahn oder dem Auto. Ein Parkplatz befindet sich auf der Rückseite des Bahnhofs, oder man parkt im »Stadthaus«.

Beste Zeit: Ganzjährig möglich, besonders schön im Frühling, wenn im Museumsgarten in Mueß die Obstbäume blühen.

Dauer & Strecke: Ein ganzer Tag, 40 km auf dem Rad.

Ausrüstung: Kamera, Picknick, Eishunger.

Wenn es Nacht wird: Bei www.airbnb.de nach »Doppelzimmer mit Seeblick – am Schlossgarten, Schwerin« suchen.

Immer am Wasser entlang: Der Schweriner See weicht einem auf dieser Radtour nicht von der Seite.

Kriegsjahren 1870/71, die französischen Ge-
fangenen, als sie diesen Weg bauten. Der
Franzosenweg vollzieht nun einen großzügi-
gen Bogen, und nach vier Kilometern ist Zip-
pendorf in Sicht und der Zippendorfer Strand
erreicht. Im Frühjahr bevölkert von einigen
Schwänen und Hunderten Möwen, im Sommer von Sonnen- und anderen Badenden.

Das Freilichtmuseum für Volkskunde in Mueß
ist eigentlich ein riesiger blütenprächtiger
Obstgarten, in dem alte Bauernhäuser neben
niederdeutschen Hallenhäusern zu einer intakten Dorfstruktur vereint beieinanderste-
hen. Den ganzen Tag könnte man hier herum-
spazieren, im Frühlingserwachen des Gartens
schwelgen und mal da, mal dort in eines der
Häuser schauen. Sogar eine alte Schule gibt
es, man lernt einiges über die Lebenswirklich-
keit der Menschen im 19. Jahrhundert.

An der absichtlich als Ruine erbauten Reppi-
ner Burg und an der unwiderstehlichen Eis-
manufaktur vorbei radeln wir weiter in den
Landschaftspark Raben Steinfeld. Dies sind
die letzten Spuren menschlichen Gestaltungs-
willens, bevor der Weg ins Naturschutzgebiet
Görslower Ufer übergeht. Für die nächsten
zehn Kilometer bedeutet das Natur pur. Herrlich! Einziges Manko: Irgendwo auf diesem
Abschnitt muss man sich entscheiden umzu-
kehren, um sich auf den Rückweg nach
Schwerin zu machen.

**FAZIT: VOM ZENTRUM DER LANDES-
HAUPTSTADT IN WENIGER ALS ZEHN
KILOMETERN MITTEN INS NATURSCHUTZ-
GEBIET. DAS GIBT'S NUR IN MECKLENBURG-
VORPOMMERN.**

DAMALS BEI UNS DAHEIM

$\succ$ ... mit Hans Fallada in der Feldberger Seenlandschaft $\prec$

#45

Mit der Formung der Feldberger Seenlandschaft hat sich die letzte Eiszeit
besonders viel Mühe gegeben. Diese
herrliche Natur inspirierte auch den
Schriftsteller Hans Fallada. Auf seinen
Wegen lässt es sich wunderbar wandeln.

Während die Schafe auf den Hullerbuscher Weiden grasen, kann man sich in Falladas ehemaligem Wohnsitz auf die Spuren des berühmten Dichters begeben.

Liebevoll erzählt Hans Fallada in seinem Kinderbuch »Fridolin, der freche Dachs« vom abenteuerlichen Leben des Raubtierjungen, der mit seiner Familie am Hullerbusch aufwächst, genau wie Lore, Falladas Tochter, für die er das Buch einst schrieb. Heute kann man auf dem Fridolin-Wanderweg die schöne Endmoränenlandschaft durchstreifen, die den Schriftsteller und seine Kinder mit ihren klaren Seen, den unberührten Wäldern und ihrer reichen Tier- und Pflanzenwelt verzauberte.

Die Wanderung startet in Carwitz. Durch den Ortskern des alten Fischerdorfes geht es zum Schmalen Luzin, einem der schönsten Seen der gesamten Seenplatte. Entlang der steilen Uferhänge führt der Weg zur Luzinfähre, einer der letzten handbetriebenen Seilfähren Europas. Dieser Flecken ist so schön, dass man

Im Sommer findet in Feldberg die Konzertreihe »Steg in Flammen« statt: musikalische Hochkultur auf der schwimmenden Bühne.

am liebsten den ganzen Tag hierbleiben und der Dorfjugend bei gewagten Sprüngen von einer alten, sich dem Wasser zuneigenden Buche zusehen möchte (Eskapade #10).

Nach Überquerung des Sees geht es an einem begehbaren Moor vorbei, durch einen jahrhundertealten Buchenwald auf den aussichtsreichen Hügelrücken des Hullerbusch. Hier weiden auf den ausgedehnten, kargen Wiesen Schafe, die mit ihren schwarz-weiß gefleckten Fellen aussehen wie die liegen gebliebenen Findlinge der letzten Eiszeit. Sie gehören zur Herde der jungen Schäferin Josephine Hermühlen, die gemeinsam mit ihrem Bruder die Schäferei Hullerbusch betreibt. Im Hofladen gibt es viele handgefertigte Produkte, Ziegenkäse, Lammfleisch und Honig. Der müde Wanderer findet Stärkung bei Kaffee und Kuchen, Ziegenmilcheis oder einer leckeren Lammsoljanka. Über den Hauptmannsberg gelangt man zu einer Aussicht über den Zansen, die Hans Fallada besonders mochte. Danach geht es wieder nach Carwitz.

Wie damals, als der von den Nationalsozialisten ungeliebte Hans Fallada sich nach Carwitz ins innerdeutsche Exil zurückzog, ist dieser Ort noch immer ein Rückzugsort in der modernen Welt. Fallada erlebte hier seine besten Jahre. Wie die Protagonisten seiner Bücher erlebte er kleines Glück und großes Leid. Auf der Halbinsel Bohnenwerder im Carwitzer See gibt es eine herrliche versteckte Badestelle. Am besten einplanen, am nächsten Tag noch einmal hierherzukommen.

Tipp: Ein Abstecher zum Hans-Fallada-Museum lohnt sehr. Von Mai bis September finden hier einmal wöchentlich Lesungen aus Falladas Büchern statt (www.fallada.de).

FAZIT: EINE OASE IN DER MODERNEN WELT.

Hin & weg: Anreise nach Feldberg mit dem Bus 619 von Neustrelitz oder mit dem eigenen Auto.

Beste Zeit: Mai bis September, denn in diesen Monaten ist die Fähre über den Schmalen Luzin im Dienst.

Dauer & Strecke: Ein ganzer Tag, 11 km zu Fuß.

Ausrüstung: Badesachen, Handtuch, Fallada-Kinderbuch »Fridolin, der freche Dachs«.

Wenn es Nacht wird: Ein sehr schöner Zeltplatz befindet sich direkt in Carwitz (www.campingplatz-carwitz.de).

EINMAL UMS MEER

 ... die Müritz, Deutschlands größter Binnensee

#46

Die Umrundung der Müritz mit dem Rad ist zu Recht ein Klassiker! Nicht nur, weil es irgendwie cool ist, solch ein riesiges Gewässer zu bezwingen, die Tour ist vor allem abwechslungsreich: Man durchradelt Wälder, beschauliche Dörfer und kommt an schönen Aussichtspunkten und gemütlichen Cafés vorbei.

#Wasserwohinmanschaut #kleinesMeer #Naturfreibad #Wellenreiten

Lieblingsort an der Müritz: Bei der
Surfschule in Boek lohnt sich der
Blick aufs Wasser immer.

Der Blick folgt den wild hin und her fliegenden
Möwen über das Wasser. Ihre Aufgeregtheit
überträgt sich, denn knapp 100 Kilometer mit
dem Fahrrad, das ist schon was! Es ist noch
früh am Morgen im Hafen von Waren, und die
spiegelglatte Müritz sieht ganz friedlich aus.

Dem Wegweiser mit der kleinen Müritz folgend, geht es im Uhrzeigersinn gen Osten in
Richtung Müritz-Nationalpark. Der wird uns
für den ersten Teil der Radtour in seinen dichten Wäldern verschlucken. Über Federow und
Schwarzenhof, vorbei an kleinen Seen, gelangt man zum Käflingsbergturm (Abstecher).

Es lohnt sich, die vielen Stufen hinaufzustei-
gen, denn der Ausblick ist großartig. Im Na-
tionalparkdorf Boek hat man die Qual der
Wahl: im Kutschercafé rasten oder doch lieber bei der Surfschule direkt am See?

Die Entscheidung fällt für die Müritz. »So
dicht dran wie möglich« ist die Devise des
Tages. Der Wind pustet Wellen in die Haare
und ins Wasser. Den Surfschülern zuzusehen
macht Spaß, denn das Stück, das gerade
läuft, ist unterhaltsamer als jeder Kinofilm.
Und diese Weite! Es ist wirklich wie am Meer.
Wenn man die Augen ein bisschen zusam-

Die Vielfalt an Übernachtungen ist beeindruckend. Die urigste Bleibe ist die Jurte von Jakob und Johanna in Lärz.

menkneift, sieht man das andere Ufer nicht mehr. Hier könnte man stundenlang sitzen, die Sonne genießen, ein Buch lesen oder baden. Gleich nebenan befindet sich der Sandstrand des Campingplatzes Bolter Ufer.

Weiter geht es über Rechlin bis zum südlichen Seezipfel, der kleinen Müritz. Bei Vipperow führt eine Brücke über den Mirower Kanal und erlaubt den Blick in eine der meistfrequentierten Schleusen der Seenplatte. Wer Schaden-

Hin & weg: Anreise mit der Bahn oder dem Auto nach Waren. Parkplätze gibt es in Bahnhofsnähe.

Beste Zeit: Von Mai bis September fährt die »Weiße Flotte« auf der Müritz, und man könnte im Falle eines Wetterumschwungs die Tour über den See abkürzen. Stationen gibt es in Waren, Klink, Röbel, Bolter Kanal und Rechlin Nord.

Dauer & Strecke: Die Strecke ist an einem Tag zu schaffen, aber viel schöner an zwei oder drei Tagen.

Ausrüstung: Fahrrad, Luftpumpe, Regensachen, Proviant.

Wenn es Nacht wird: Eine schöne Unterkunft ist die Jurte von Jakob und Johanna in Lärz (www.jakobjohanna.com).

Die Müritz, Deutschlands größter Binnensee, ist ein Paradies für Wassersportler und Badefreunde.

freude mag, kommt hier auf seine Kosten, wenn die frisch geschulten Hausbootkapitäne auf ihrer Jungfernfahrt die erste Schleuse passieren (Eskapade #48). Hier ist Halbzeit, der südlichste Zipfel der Müritz ist erreicht. Für diejenigen, die den See an zwei Tagen umrunden, wird es Zeit, eine Unterkunft aufzusuchen. Zum Beispiel in der schönen Jurte bei Jakob und Johanna am ehemaligen Pfarrhaus der Kirche von Lärz.

Die nun folgende Strecke führt immer dicht am Westufer des Sees nach Norden. Hier ist es hügelig, einsam, ein bisschen wild, und es geht leicht auf und ab. Über Ludorf mit der verrückten achteckigen Kirche geht es nach Röbel. Wer den Turm von St. Marien ersteigt, erlebt oben, im Fenstersims der Kirche sitzend, vielleicht einen der coolsten Momente dieser Reise (Eskapade #36).

Weiter geht's durch schöne Landschaft auf ufernahen Wegen durch die Sietower Bucht bis nach Klink. In Anlehnung an die französischen Loire-Schlösser wurde hier 1898 ein Schloss erbaut. So richtig will es nicht in diese Landschaft passen. Nicht nur die Karte verrät, dass Waren näher rückt, hier sind jede Menge Ausflügler auch mit E-Bikes unterwegs. Die Möwen umflattern noch immer aufgeregt die Boote, die wieder in den Hafen von Waren einfahren. Die Runde ist geschafft, und in einem der vielen Cafés am Hafen wartet ein verdienter Kaffee.

FAZIT: FÜR DIESE RADTOUR NIMMT MAN DEN MUSKELKATER GERN IN KAUF.

DORFPERLE MIT SOZIALAUFTRAG

 ... ein Spaziergang durch Dobbertin ⪤

#47

Ob Schlösser, Klöster oder einfache Bauernkaten: Gebäude sind standhafte Zeugen der Geschichte. Das Dorf Dobbertin ist ein Schmuckstück mecklenburgischer Backsteinarchitektur und bewirbt sich seit Jahren zu Recht um den Titel »Schönstes Dorf in Mecklenburg-Vorpommern«.

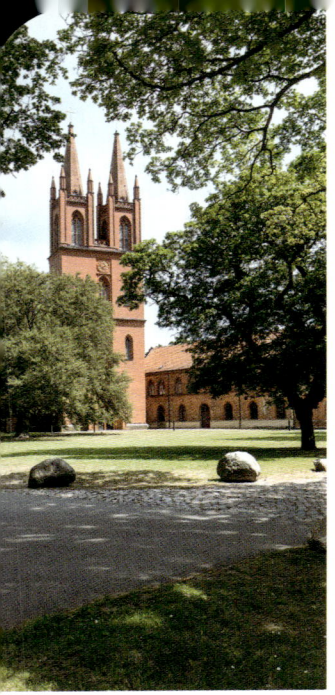

Das Kloster Dobbertin ist eine der am besten erhaltenen Klosteranlagen Mecklenburgs. Die Klostergebäude sind Heimat für Menschen mit körperlicher und geistiger Behinderung.

Leider wurde Dobbertin noch nicht zum schönsten Dorf in Mecklenburg-Vorpommern gekürt. Das hat vielerlei Gründe. Die Konkurrenz ist riesig: Malerische Dörfer mit wertvoller Bausubstanz gibt es in Mecklenburg wie Sand am Meer. Aber Dobbertin ist nicht malerisch, sondern auf den ersten Blick sogar irgendwie spröde.

Der Spaziergang beginnt auf dem Platz der Arbeit. In einer Seitenstraße finden sich zwei in den Jahren 1787 und 1862 errichtete niederdeutsche Hallenhäuser. In diesen Fachwerkbauten sind Wohnung, Stallraum und Erntelager in einem großen Hauskörper zusammengefasst. Auf der Straße der Jugend fällt schnell die ehemalige Klosteramtsscheune ins Auge. Hier wurde Bauholz getrocknet und gelagert. Auf dem Weg zum Kloster kommt man auch am Doktorhaus, an der Alten Post und am Samenhaus vorbei.

Das im Jahr 1220 gegründete Kloster befindet sich am südlichen Ortsrand. Dobbertin selbst ist pittoresk und etwas aus der Zeit gefallen.

Letzteres diente der Auslegung und Trocknung von Kiefernzapfen zur Samengewinnung für den klösterlichen Forst. Interessant an diesem liebevoll sanierten Gebäude sind die Ziegelornamente. So sollte zum Beispiel der dargestellte Feuerbesen das Haus vor Blitzschlag schützen. All diese Gebäude wurden fachgerecht saniert und erzählen von den künstlerischen und handwerklichen Fähigkeiten früherer Generationen und vergangener Jahrhunderte, von der ehemaligen Wirtschaftskraft der Klöster sowie dem Glauben und Aberglauben der Menschen.

Seit 1961 ist das ehemalige mittelalterliche Benediktinerinnenkloster und nachreformatorische Damenstift Dobbertin ein Wohn-, Arbeits- und Versorgungsort für geistig und körperlich behinderte Menschen. Sie alle sind in Ausbildung oder arbeiten in den Werkstätten des Klosters, im Café oder im Klosterladen. Inklusion? Ja und Nein. Mit den vielen Touristen und Besuchern des Klosters haben sie täglich Kontakt. Gleichzeitig ist Dobbertin eine von der täglichen Konkurrenz um das »besser, schöner, höher, weiter« unseres Lebens befreite Zone. Die behinderten und nichtbehinderten Bewohner praktizieren nun schon seit fast 60 Jahren ein lebendiges und auf gegenseitiger Hilfe und Rücksichtnahme basierendes Dorfleben. Das ist der eigentliche Schatz dieses Ortes, für den es den Titel »Schönstes Dorf in Mecklenburg-Vorpommern« verdient hat. Leider hat es bisher nur für Platz zwei gereicht.

FAZIT: MITTELALTERLICHES KLOSTER-DORF MIT ERSTAUNLICH GUT ERHALTENER BAUSUBSTANZ UND RELIGIÖSEM AUFTRAG.

Hin & weg: Von Güstrow kommt man mit dem Bus 713 nach Dobbertin. Wenn man allerdings mehr in der Region sehen oder die empfohlene Unterkunft nutzen möchte, ist die Anreise mit einem eigenen Auto ratsam. Parken ist überall im Ort möglich.

Beste Zeit: Ganzjährig möglich.

Dauer & Strecke: 4–5 Std., etwa 9 km zu Fuß.

Ausrüstung: Neugierde und Wohlwollen.

Wenn es Nacht wird: Gemütliche, geräumige und helle Unterkunft mit kleiner Küche und Bad (»Woserin, Ferien im Dorf am See« bei www.airbnb.de suchen).

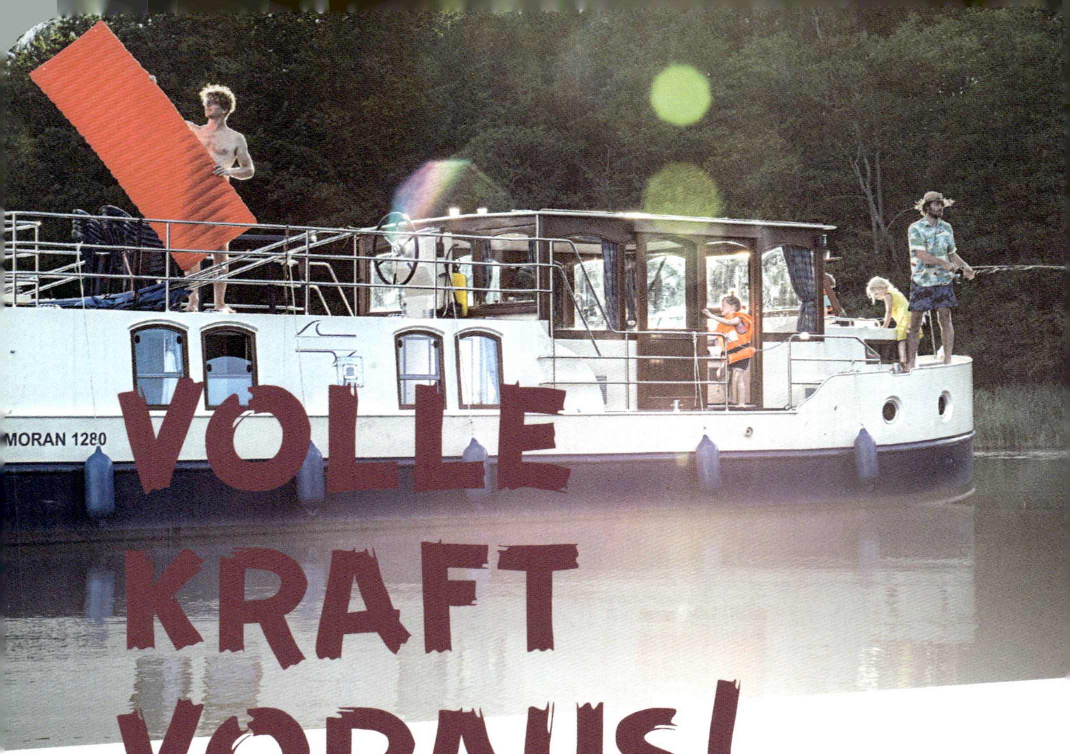

VOLLE KRAFT VORAUS!

… im Hausboot über die Kleinseenplatte

#48

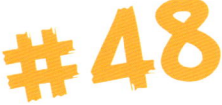

Kapitän auf Zeit, wie verheißungsvoll das klingt. Auf den Mecklenburgischen Seen ist das auch ohne Bootsführerschein möglich. Doch das eigentliche Erlebnis auf dieser Tour ist die Erfahrung, immer auf dem Wasser zu sein – am Tag und in der Nacht.

#Wasserohneende #neuzentriert #Kapitänsmütze #EcholotinNot #Liebesinsel

In manchen Seen ist das Wasser so klar, dass man Nixen auch ohne Schnorchelbrille sichten kann.

Die theoretische Einweisung in die Handhabung eines Hausbootes ist fordernd, aber schaffbar. Doch dann, tatsächlich am Steuer stehend, mit der Verantwortung, das riesige Stahlboot sicher und ohne Schrammen aus dem Hafen zu manövrieren, werden die Knie weich und der Magen flau. Wer das schafft, hat die schwierigste Aufgabe dieser Reise schon gelöst. Dann empfangen einen die Weite, der Wind und die Wellen der Müritz. Fast fühlt man sich wie auf dem Meer. Genug Zeit, die Manövriertechniken, das hydraulische Bugstrahlruder, die Joystick-Steuerung und die Reaktionszeit des Bootes auszutes-

»Seeadler in Sicht!« Für kleine Kapitäne ist ein Hausboot das Paradies. Egal, wohin man schippert, die Ferienwohnung hat man auf dem Wasser immer dabei.

ten. Der Kormoran 1280 hat die perfekte Größe für zwei Familien. Wer einmal klug durchdacht gepackt und alles am rechten Ort verstaut hat, braucht nicht von Bord zu gehen. Komfort und Reduktion inmitten schönster Natur. Das wirkt schnell sehr erholsam.

Eine stille Bucht in der kleinen Müritz ist der perfekte Ort für die erste Nacht. Der Ankerplatz braucht mindestens einen Meter Wasser unterm Kiel. Alle blicken gespannt auf das Echolot, und da kommt es auch schon, das Kommando des Käpt'ns, den Anker zu setzen. Die Kinder haben die Badehosen schon an, sie springen vom Dach ins erfrischende Nass. Danach treffen sich alle auf Deck, heute wird Fisch gegrillt. Wer es schafft, spät am Abend oder früh am Morgen allein an Deck zu sein, wird einen besonderen Moment erleben. Denn der Anblick des ruhigen Wassers im Mondschein oder die aufgehende Sonne im Morgennebel aus dieser ungewohnten Perspektive inmitten des Sees ist einfach zauberhaft und das absolute Kontrastprogramm zu jedweder Urbanität.

An nächsten Morgen in der Schleuse. Das Team von Kuhnle hat alle gewarnt: Hier gehen Ehen zu Bruch, streiten sich beste Freunde. Denn die Schleusen sind für die dicken Hausboote und deren Trägheit tatsächlich eng und kurz, die zarten Paddelboote zwischendrin will man auch nicht einquetschen. Die Mission glückt. Dann schippert das Boot vorbei an bunten, schilfgedeckten Bootshäusern und an der Schlossinsel von Mirow mit der Liebesinsel als vorgelagertem Eiland. Wer deren

Petri Heil: In Mecklenburg kann man einen temporären Angelschein relativ günstig erwerben. Ohne ihn sollte man lieber keine Rute ins Wasser halten.

Geheimnis ergründen, etwas über die Geschichte des Schlosses erfahren oder einfach nur ein leckeres Stück Kuchen im Schlosscafé verzehren will, kann hier anlanden.

Der Nachmittag gehört dem Zotzen- und dem Vilzsee. Die Kinder springen vom Boot, um an der schönen sandigen Badestelle an Land zu gehen – verdrehte Welt. Irgendwie ist das Anhalten mit dem Hausboot am allerschönsten. Deshalb beäugt der Käpt'n auch schon wieder die Karte auf der Suche nach einem Platz für die Nacht. Er wird der Wendepunkt sein, denn am nächsten Tag geht es zurück zum Hafen.

Hin & weg: Anreise nach Rechlin mit dem eigenen Auto. Einen Parkplatz gibt es an der Marinastraße.

Beste Zeit: Jede Jahreszeit hat ihren Reiz, aber der heiße Badesommer ist am allerbesten.

Dauer & Strecke: Mindestens ein Wochenende, lieber ein verlängertes, 50 km mit dem Hausboot.

Ausrüstung: Genug zu essen und zu trinken für ein ganzes Wochenende, Badesachen, Sonnencreme, Lesestoff. Boote und alles, was man sonst noch braucht, gibt es hier: www.kuhnle-tours.de

FAZIT: KAPITÄN SEIN IST LEICHTER ALS GEDACHT! HIER GIBT ES MAXIMALE ENTSPANNUNG UND REDUZIERTEN KOMFORT IN GRANDIOSER NATUR.

ZELTPLATZ VOM FEINSTEN

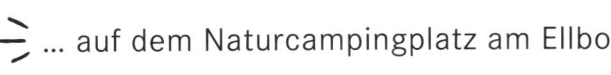 ... auf dem Naturcampingplatz am Ellbogensee

 **#49**

Es ist der Lieblingszeltplatz der hippen Berliner. Nicht ohne Grund, denn hier zelebriert man das neue Campen. Gartenzwerg vor und Staubsauger im Wohnwagen sind passé. Dafür gibt es viel Freiraum, Gemeinschaft und Sport. Leckere Brötchen, ein Biomarkt und guter Kaffee gehören auch dazu.

Darüber, ob Priepert wirklich das schönste Dorf Mecklenburgs ist, mag man streiten, aber die Fachwerkkirche (rechte Seite oben) sucht wirklich ihresgleichen.

Im Jahr 2006 gaben Marianna von Schmidt und ihre Familie ihr Leben in der niederländischen Hauptstadt Amsterdam auf. Sie hatten sich in die Ruhe und den Sternenhimmel am Ellbogensee verliebt, der Zeltplatz stand damals zum Verkauf. Sie wollten ihn so gestalten, wie sie ihn selbst gern hätten. Auf der großen Wasserwandererwiese haben Autos nichts zu suchen. Sie ist der Bereich, in dem vor allem die Kinder spielen. Vereinzelt stehen die Zelte der Paddler und Radwanderer auf der Wiese.

Kinderanimation steht nicht auf dem Plan, sie sollen hier Freiräume finden. Das bedeutet nicht, dass talentierte Gäste des Zeltplatzes nicht auch mal etwas anbieten. So kann es schon mal zu einer spontanen Clownsshow kommen oder »ein Ninja schleicht über den Campingplatz«. Ab und zu gibt es Massage- oder Yogaangebote. Mitten auf dem Campingplatz, im Kiefernwald, hat die Familie einen Naturspielplatz mit Seilgarten, Klettermikado und Nestschaukel gebaut. Was auffällt: Die Waschmaschinen und Duschen in dem hellen Sanitärpavillon funktionieren ohne Münzen – im Vertrauen darauf, dass Gäste sparsam mit Wasser umgehen.

Mit ihrem Zeltplatzkonzept läutete Familie von Schmidt eine neue Ära ein. Natur gab es schon immer reichlich in Mecklenburg-Vorpommern; Infrastruktur mit Geschmack eher selten. Und so darf der Bootsverleih mit Paddelbooten, Kajaks und SUPs auch nicht fehlen. Falls man den Zeltplatz doch einmal ver-

Abends, wenn es langsam dunkel wird, treffen sich die Familien zum gemeinsamen Lagerfeuer auf dem Naturcampingplatz am Ellbogensee.

lassen möchte, führt eine schöne Tour über das Wasser ins nahe gelegene Priepert. Mit dem Paddelboot eine Kleinigkeit, mit dem SUP eher sportlich. Das »schönste Dorf Mecklenburgs« scheint etwas ausgestorben zu sein, hat aber eine tolle Badestelle mit Spielplatz und eine wirklich beeindruckende Fachwerk-Dorfkirche.

Zurück auf dem Zeltplatz, lodert abends am Ufer ein großes Lagerfeuer. Stockbrote, Würstchen und Grillkäse rösten über den Flammen, es duftet herrlich. Die Erwachsenen erzählen sich Geschichten, während die Kinder hin und her rennen, in der Dämmerung verschwinden und wenig später mit neuen Freunden wieder auftauchen.

FAZIT: WER IMMER SCHON EINE GANZ GROSSE FAMILIE WOLLTE, FINDET SIE HIER.

Hin & weg: Parkmöglichkeiten gibt es auf der Straße vor dem Zeltplatz. Mit der Bahn kommt man bis Fürstenberg/Havel. Für die 10 km bis zum Zeltplatz muss ein Taxi genommen werden, oder man bittet eine Privatperson um eine Mitfahrgelegenheit. Am Bahnhof gibt es hierzu eine Informationstafel.

Beste Zeit: Der Zeltplatz ist von April bis Oktober geöffnet.

Dauer: Hier bleibt man gern mindestens ein Wochenende.

Ausrüstung: Zelt, Badesachen, Pizzateig fürs Stockbrot.

Wenn es Nacht wird: Informationen über den Naturcampingplatz am Ellbogensee gibt es unter www.ellbogensee.de

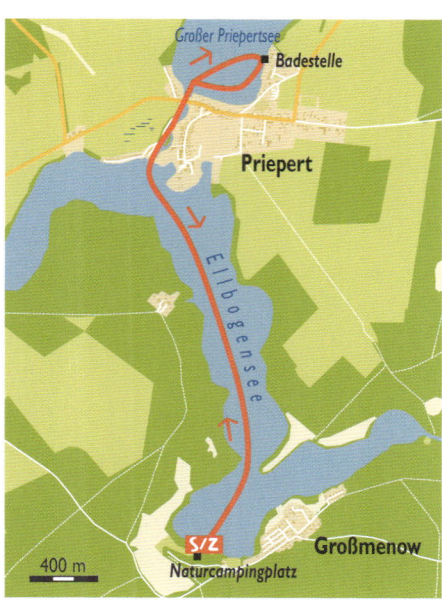

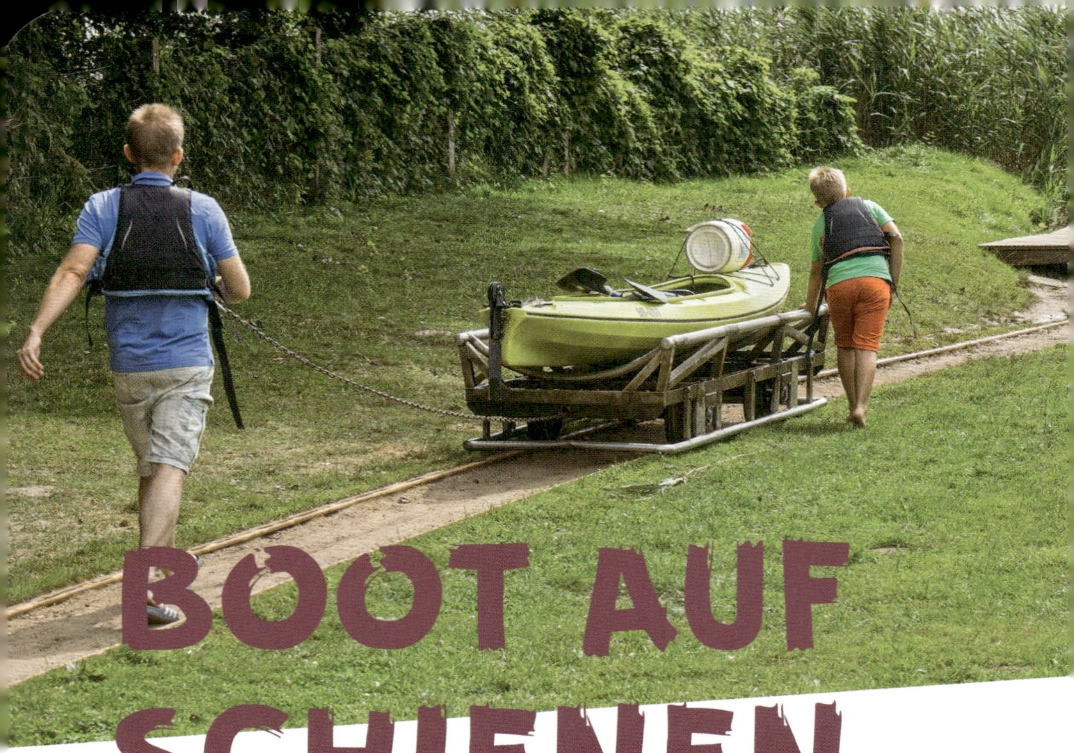

BOOT AUF SCHIENEN

… stromaufwärts die Havel paddeln

#50

Vom Woblitzsee kann man bis nach Kratzeburg paddeln. Dabei muss das Boot dreimal zum Umtragen auf Gleise gesetzt werden, manch einer kommt gerade deshalb hierher. Weil der Fluss hier entspringt, ist das Paddeln gegen die Strömung kein Problem.

#ReichderSchilfgeister #ArmkraftwirdBeinkraft #vomTreidelnzurLore

Startpunkt dieser Paddeltour ist der Camping- und Ferienpark Havelberge mit angeschlossenem Kanuzentrum.

Am Ufer des Woblitzsees auf dem Gelände des Camping- und Ferienparks Havelberge herrscht reges Treiben. Boote werden zu Wasser gelassen, Jugendgruppen spazieren zur Badestelle. Alles ist gut organisiert, auch der Bootsverleih, und die Badestelle sucht ihresgleichen. Kein Wunder, dass dieser Campingplatz schon mehrfach ausgezeichnet wurde.

Auf der ganzen Tour wird es nicht noch einmal so hoch hergehen wie hier. Ab sofort ist Einsamkeit angesagt. Man stößt sich vom sandigen Grund ab und ist von nun an unterwegs, stundenlang, tagelang, in einer völlig ungewohnten Geschwindigkeit. Man studiert die Karte und macht einen Zeitplan. Irgendwann findet man ein anderes Zeitmaß, das Gelassenheit bedeutet, man lässt sich treiben vom Wind oder der Strömung im tragenden Element. Bei der Schleuse in Zwenzow muss, wenn der Wasserpegel des Useriner Sees zu niedrig ist, das Boot mithilfe einer Lore umtragen werden. Nach stundenlanger Paddelei ist der aufrechte Gang schon etwas Absurdes.

Dieter Bork verkauft Fisch – frisch geräuchert oder im Brötchen – in der Seenfischerei Obere Havel in Wesenberg.

Schmal schlängelt sich die Havel an Blanken-
förde vorbei in Richtung Nationalpark. Es ist
schattig, der landschaftliche Wechsel zwischen Fluss und See ist einmalig schön. Hier
ist das Ende der Welt erreicht, das Refugium
der Reiher und Haubentaucher, der Seerosen-
elfen und Schilfgeister beginnt. Wer sich hier
ins Wasser gleiten lässt, wird das Erlebnis
niemals vergessen.

Beim Fischer in Babke ist noch einmal ordentlich was los. Wanderer und Wasserwanderer
treffen zu feinstem Fischschmaus zusammen.
Eine Lore steht bereit, um das Boot vorbei an
der Fischtreppe bei der Alten Schleuse Babke
herumtragen zu können. Auf dem Wasserwanderrastplatz können alle nächtigen, die
nicht schon in Kakeldütt zum Campingplatz
Hexenwäldchen abgebogen sind.

Im letzten Zipfel des Pagelsees wird die
längste existierende Schienenumtrage erreicht. Sie überbrückt den Landweg entlang
der Havel zum Schulzensee, wo das Boot wieder ins Wasser gesetzt wird. Vor dem Jahr
1989 wurden hier die Boote einfach durch
das Wasser getreidelt, also gezogen. Da das
für die Fische nicht gut war, baute man auf
700 Meter Länge eine Lorenbahn, die bis
heute existiert.

Das letzte Stück der Tour führt durch den
Granziner und den Käbelicksee nach Kratzeburg. Im dortigen Strandbad kann man noch
einmal ins Wasser springen und dann quasi
mit dem Boot am Bahnhof vorfahren und dem
Bootsverleiher Bescheid geben, dass man
bereit ist, wieder von der horizontalen in die
vertikale Welt zu wechseln.

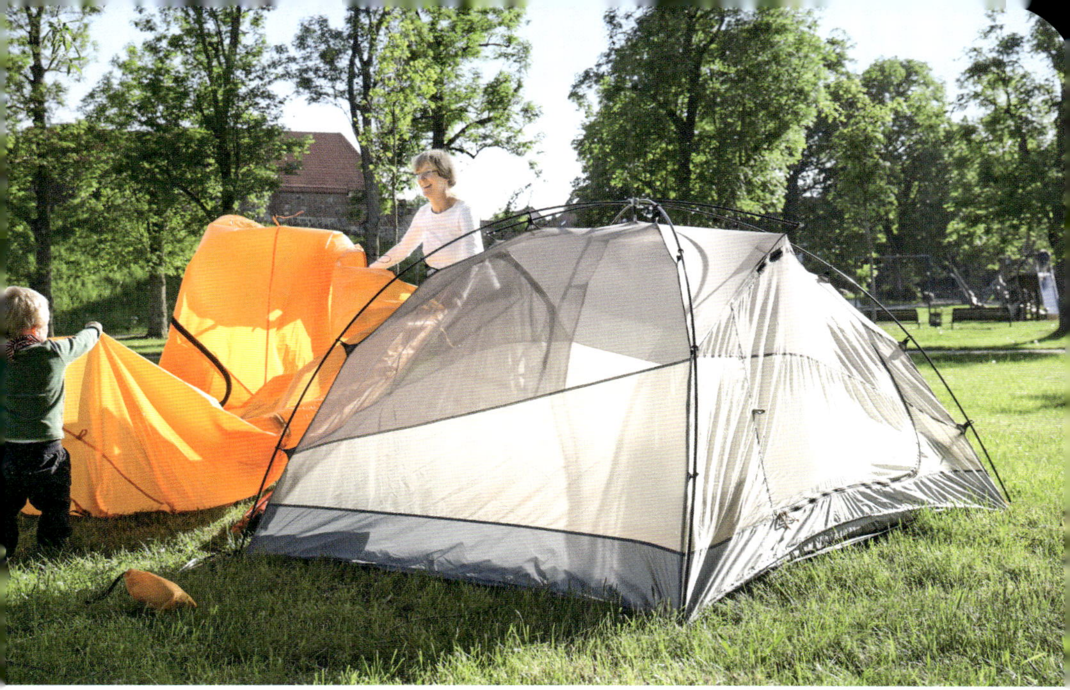

Auf Wasserwanderrastplätzen findet man für wenig Geld ein ruhiges Plätzchen auf einer frisch gemähten Wiese.

FAZIT: WUNDERBARE WASSERREISE MIT ZWEIGLEISIGEN ABSCHNITTEN.

Hin & weg: Parkmöglichkeiten gibt es direkt vor dem Zeltplatz. Der Camping- und Ferienpark Havelberge liegt 800 Meter von der Bahnstation Groß Quassow entfernt, auch Kratzeburg kann mit dem Zug erreicht werden.

Beste Zeit: Frühling bis Herbst.

Dauer & Strecke: 2–3 Tage, etwa 28 km.

Ausrüstung: Boot, Zelt, Verpflegung für 2–3 Tage, Wasserwanderatlas, Sonnenhut, Sonnencreme, Badesachen (www.haveltourist.de/kanuzentrum-verleih.html).

Wenn es Nacht wird: Familienfreundlicher Campingplatz Hexenwäldchen bei Kakeldüt, (www.hexenwaeldchen.de) oder der Wasserwanderrastplatz beim Fischer in Babke.

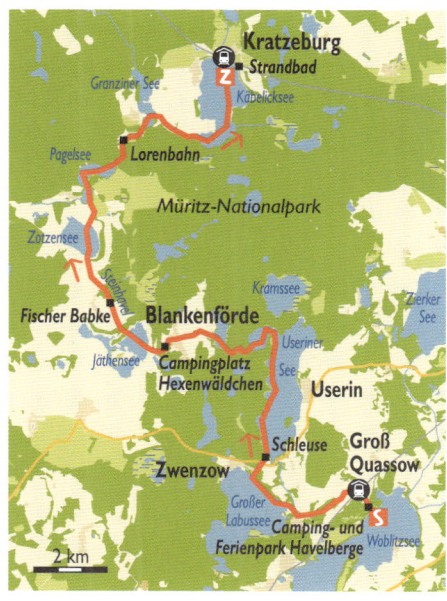

KOMMT ZEIT, KOMMT RAD

⋟ … Radtour durch die Mecklenburgische Schweiz ⋞

#51

Kein Wort passt hier besser als »Landpartie«. Man schwebt durch die hügelige Landschaft; Getreide-, Korn- und Mohnblumen wiegen sich im Wind. Für die Leichtigkeit sorgt das E-Bike. Ein ornithologischer Hotspot, ein traumhaftes Gutshaus und französische Kuchendelikatessen liegen am Wegesrand.

#Vogelpirsch #köstlicheLeckereien #SollzumBaden #GutshausvomFeinsten #Klosterruine

Sowohl das Niedermoor Großer Rosin
als auch die Landschaft bei Pohnstorf
sind ein Paradies für Radler.

Man fragt sich, wie der Siegeszug der E-Bikes in der Fahrradwelt gelingen konnte. Für jeden halbwegs sportlichen Radfahrer sind diese Gefährte doch eine waschechte Ohrfeige, ganz besonders im flachen Mecklenburg. Nicht so für Fabian Sösemann, den neuen Gutsherrn von Gut Pohnstorf. Er sieht viel Potenzial in der E-Mobilität, gerade für den Tourismus in der Region am Kummerower See, denn die Berge hier sind zwar nicht die Alpen, aber trotzdem nicht zu unterschätzen. Und er hofft, dass auch die einheimische Bevölkerung zukünftig öfter auf das E-Bike umsteigen wird. Deshalb hat er begonnen, ein Netz an Verleihstellen aufzubauen. Eine davon liegt in Verchen am Kummerower See, dem Ausgangspunkt dieser Radtour. Weit und breit ist kein Berg in Sicht. Dafür macht sich die Peene vom östlichen Ende des Sees weiter auf ihren Weg gen Norden. Keine Brücke führt hinüber, über das Wasser gelangt man nur mit einem Boot. Die Fähre Aalbude nimmt Fahrradfahrer gerne an Bord.

Direkt am Ufer gegenüber beginnt eine andere Welt, das Niedermoor Großer Rosin.

Wenig befahrene Straßen schlängeln sich durch die Felder mit herrlichen Ausblicken auf den Kummerower See.

Ornithologen aus der ganzen Welt geraten hier ins Schwärmen: »Ich habe heute schon 50 verschiedene Arten gesichtet« oder »Bitte Ruhe, ich höre einen Eisvogel!«, flüstern sie sich auf der Aussichtsplattform zu. Diejenigen

mit den großen Objektiven und Ferngläsern interessieren sich eher für Kleinspecht, Rohrschwirl, Fischadler und Pirol. Die Landschaft sieht für mecklenburgische Verhältnisse so besonders aus, dass man sich kaum wieder trennen mag.

Weiter geht es über Kützerhof, Warsow und den schönen Naturhafen von Neukalen nach Salem. Kaum befahrene Straßen schlängeln sich durch die Felder mit herrlichen Ausblicken auf den Kummerower See. Dann kommen die Berge und mit ihnen kleine Schweißperlen, da hilft alles E nichts. Irgendwann ist Pohnstorf erreicht – der Ruf des schönen Gutes und des benachbarten Gutscafés waren schon weit in die Niederungen um den Kummerower See vorgedrungen. Einmal da, versteht man, warum die Berliner Familie Sösemann sich Hals über Kopf in diesen Ort ver-

Auf der Rückseite des Guts Pohnstorf erwarten Besucher herzliche Gastfreundschaft und ein zauberhafter Garten.

liebte und ohne vorherige Gutshauspläne von der Hauptstadt in die Einsamkeit der Mecklenburgischen Schweiz auswanderte.

Hin & weg: Parkplätze gibt es an der Fähre. Nach Verchen gelangt man mit dem Bus 301 von Demmin.

Beste Zeit: Frühling bis Herbst, am schönsten im Frühsommer, wenn das Niedermoor blüht und die Korn- und Mohnblumen zwischen dem jungen Getreide auf den Feldern stehen.

Dauer & Strecke: Ein ganzer Tag oder besser ein ganzes Wochenende, etwa 50 km mit dem E-Bike.

Ausrüstung: E-Bike, Fernglas, Badesachen (www.ebike-mv.de).

Wenn es Nacht wird: Das Gut Pohnstorf ist ein schöner Ort mit einem weitläufigen, parkähnlichen Garten, auf einer Anhöhe gelegen, mit Blick nach Westen, regelrecht feudal und mit zauberhaften Gastgebern. Von hier aus kann man auch mit Tourenrädern, Rennrädern oder Mountainbikes tolle Ausflüge unternehmen (www.gut-pohnstorf.de).

Denn das Gutshaus ist eines der schönsten unter seinen 1000 Brüdern und Schwestern der Mecklenburgischen Seenplatte. Man kann darin wohnen, Urlaub machen, Seminare abhalten, heiraten oder konferieren. Gleich nebenan werden im Gutscafé französische Leckereien verkauft, die man sich definitiv nicht entgehen lassen darf.

Oberhalb des Dorfes lädt der kleine Soll, ein aus der letzten Eiszeit übrig gebliebener Minisee, zu einem erfrischenden Bad, bevor es über Dargun mit seiner beeindruckenden Klosterruine zurück nach Verchen geht.

FAZIT: ABWECHSLUNGSREICHE TOUR DER SUPERLATIVE — KULINARISCH, LANDSCHAFTLICH UND SPORTLICH.

BITTE PFLÜCKEN!

 ... zu den Obstalleen im Feldberger Seenland

#52

Die mecklenburgischen Alleen sind atemberaubend. Gewaltige, mehrere Hundert Jahre alte Buchen-, Eichen- und Kastanienbäume biegen sich ausladend über jede zweite Landstraße. Fast vergisst man dabei die nicht minder schönen und Früchte tragenden Obstalleen und Bauerngärten.

#köstlicheÄpfel #Re:hofRutenberg #erwünschteRäuber #ApfelmusundMarmelade

Unterwegs in den Obstalleen im Feldberger Seenland, hat man das Gefühl,
es gibt ihn doch, den Garten Eden.

Honiggelb leuchtet der Apfelsaft in der Fla-
sche, die zur Begrüßung auf dem Tisch im
Re:hof Rutenberg steht, sie muss sofort
geöffnet werden. Mhmm, köstlich! Die Saft
gebenden Äpfel stammen von den knorrigen
Bäumen gleich hinter dem Gartenhaus. Das
holländisch-deutsche Künstlerpaar Marieken
Verheyen und Martin Hansen entdeckte den

alten, verfallenen Pfarrhof im Jahr 2012 und
ließ ihn innerhalb von drei Jahren wieder auferstehen. Die beiden haben Hand angelegt in
einer Weise, die sich nicht nach dem durch-
schnittlichen Geschmack richtet. Begriffe wie
Design, Schlichtheit und Natürlichkeit haben
sie ein Leben lang inhaliert und dabei immer
nach eigenen, neuen Wegen gesucht. Heraus-

Die ehemalige Scheune des Re:hofs ist wiederauferstanden als lebendiger Versammlungs- und Veranstaltungsort für das Dorf. Wenn nichts los ist, können die Gäste darin Tischtennis spielen.

gekommen ist ein bezauberndes Paradies für Ruhe suchende Naturliebhaber mit Sinn für Reduktion und Ästhetik.

Den alten Obstgarten, der Ende des 19. Jahrhunderts angelegt wurde, gab es mit dazu. Martin ist begeistert von den alten Apfelsorten und ihren Namen. Da gibt es die »Schöne aus Herrenhut«, die »Adlersleber«, »Calville« oder den rheinischen »Bohnapfel«. Jede Sorte hat ihre ganz besondere Eigenheit. Manche Äpfel eignen sich eher zum Backen, andere lassen sich gut über den Winter einlagern, wieder andere ergeben einen leckeren Saft. Zu einer Zeit, in der die Menschen von dem leben mussten, was auf den heimischen Äckern wuchs, war diese Vielfalt ein Garant für ausreichend Vitamine im Winter. Was der Garten der Re:höfler im Kleinen ist, gibt es draußen auf den Straßen in ganz groß. Also nichts wie rauf aufs Fahrrad, losstrampeln und die Obstalleen und Sträucher der Gegend

Die mecklenburgischen Obstalleen wurden ursprünglich zur Verpflegung der Bevölkerung und Soldaten angepflanzt.

erkunden. Wichtig: Fahrradtaschen, Dosen und Beutel nicht vergessen!

Kurz hinter Beenz gibt es auf einem ehemaligen Gehöft einen alten verlassenen Garten. Verschiedene Apfel- und Birnenbäume, Haselnusssträucher, Sanddorn, wilde Brombeeren und Stachelbeeren warten auf erlösende Räuber. Es ist ein kleines zugewachsenes Paradies. Zwischen Beenz und Mechow gibt es eine Mirabellenallee. Und hinter Mechow stehen Kirschbäume! Ach, wäre doch nur Frühsommer. Zwischen Triepkendorf und Gräpkenteich reihen sich alte knorrige Apfelbäume zu einer schmucken Allee. Wie rote Perlen hängen die reifen Früchte in den Ästen oder sind schon zu Boden gefallen. Man muss sie nur aufsammeln. Und dann zum Re:hof Rutenberg zurückbringen, wo sie in der schönen Küche zu köstlichem Mus, schmackhaften Marmeladen und Saft verarbeitet werden können.

Tipp: www.mundraub.org verrät obsthungrigen Städtern, wo in Deutschland herrenlose oder ungepflückte Obstbäume stehen, an denen man sich gern bedienen kann. In Mecklenburg braucht man die Hilfe der »Mundräuber« nicht unbedingt, denn einzelne Bäume oder ganze Alleen, die einem im Herbst ihre Früchte entgegenstrecken, gibt es reichlich.

Hin & weg: Zum Re:hof Rutenberg reist man am besten per Zug bis Fürstenberg, es gibt auch einen Fahrradverleih am Bahnhof. Ab da sind es 15 km auf einer schönen, von vielen Obstbäumen gesäumten Strecke. Oder man nimmt den Bus und lässt sich in Lychen abholen. Dann kann man die Leihräder vom Re:hof benutzen. Alternativ ist die Anreise mit dem eigenen Auto möglich, Parken überall im Ort.

Beste Zeit: Im Herbst, wenn das Obst auf den Bäumen und an den Sträuchern reif ist.

Dauer & Strecke: Am besten ein ganzes Wochenende, etwa 24 km mit dem Rad.

Ausrüstung: Korb, Radtaschen, Dosen, Tüten, Marmeladengläser, Zutaten. Wer viel ernten will, sollte ein Auto und eine Leiter dabeihaben.

Wenn es Nacht wird: Übernachten kann man auf dem Re:hof Rutenberg (www.rehof-rutenberg.de).

FAZIT: WAS GIBT ES SCHÖNERES, ALS KOSTENLOSES FRISCHES OBST VON EINER SCHÖNEN ALLEE SELBST ZU ERNTEN?

SONST NOCH WICHTIG

HIRSCH IM
MÜRITZ-NATIONALPARK

SCHWERINER
SCHLOSS

PADDELTOUR
IM FELDBERGER
SEENLAND

Ein- und Überblick

Karten für den schnellen Überblick, praktische Tipps, mehr über die Autorin sowie ein Ortsregister zum schnellen Nachschlagen gibt es auf den folgenden Seiten.

GPX-Download aufs Smartphone – so geht's

Voraussetzung:

Eine Outdoor-App muss installiert sein, z. B. KOMPASS, Outdooractive oder komoot. Zum Einlesen des QR-Codes benötigen Android-Geräte eine QR-Code-App. Bei iOS-Geräten ist diese Funktion in der Kamera integriert.

Daten downloaden:

1. Den QR-Code einlesen oder die Webadresse im Browser eingeben, um auf die Eskapaden-Website zu gelangen.
2. Die gewünschte Tour zum Download anklicken.
3. Bei iOS-Geräten werden die GPX-Daten direkt mit der vorab installierten App verknüpft. Bei Android-Geräten muss ggf. noch ein Weiterleiten-Button geklickt werden (z. B. oben rechts im Display). Manche Apps zeigen den Tourverlauf starr an, andere verfügen über eine Navigationsfunktion.

Tourenverlauf

GPX-Daten zum
kostenlosen Download
www.dumontreise.de/
eskapaden/mecklenburgische-seen

short.travel/uizdk

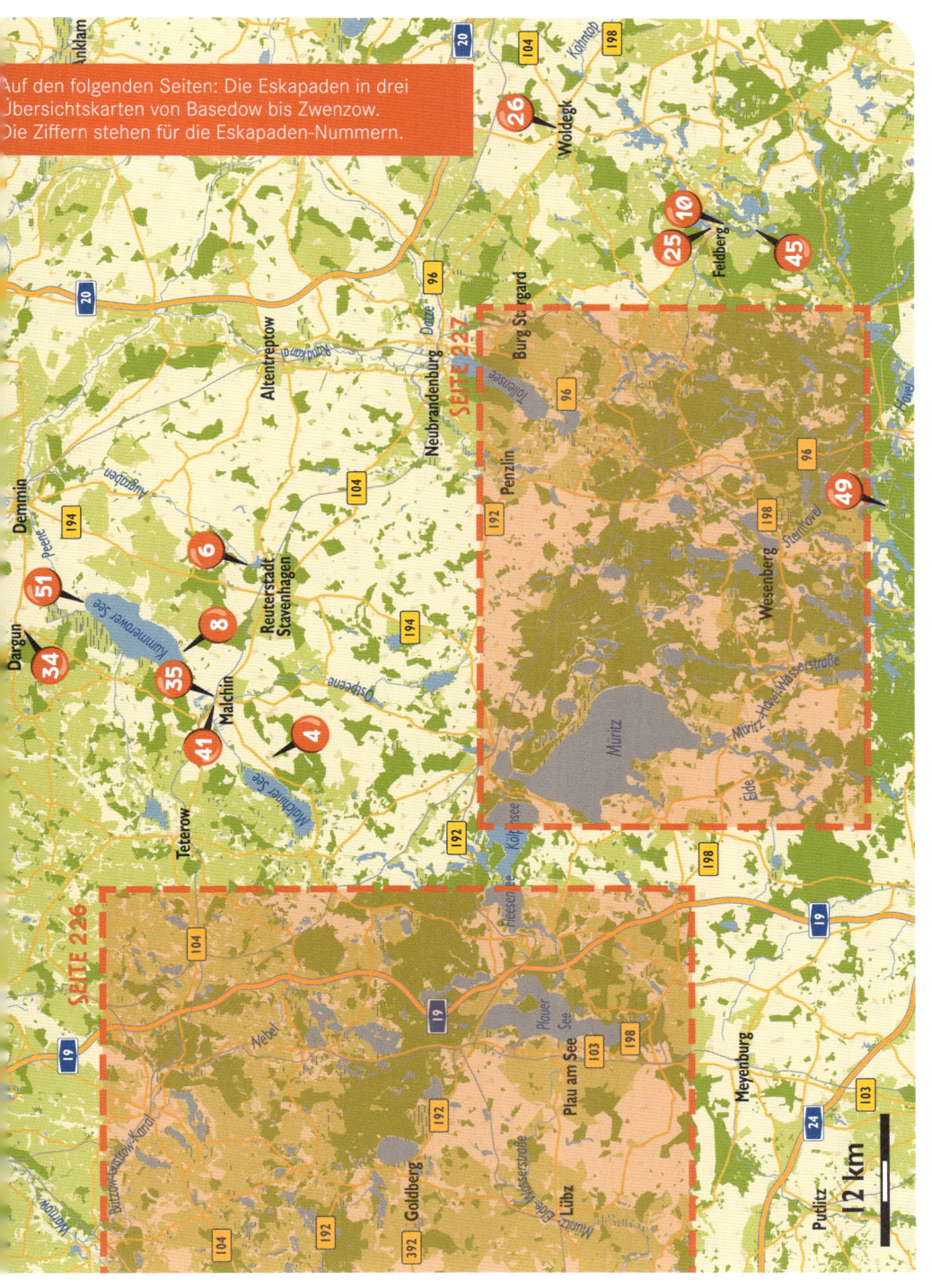

Auf den folgenden Seiten: Die Eskapaden in drei Übersichtskarten von Basedow bis Zwenzow. Die Ziffern stehen für die Eskapaden-Nummern.

12 km

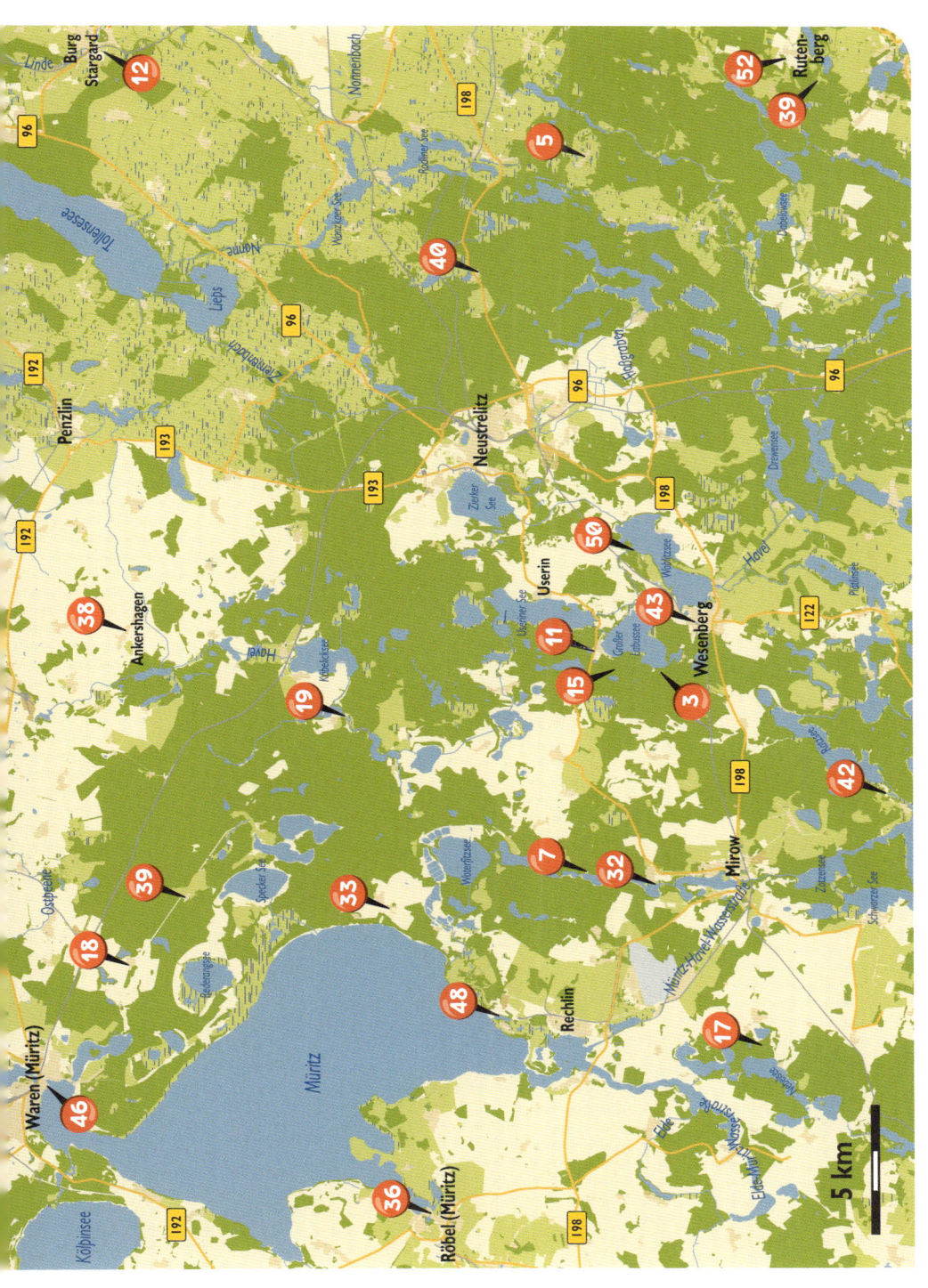

NOCH MEHR ESKAPADEN ...

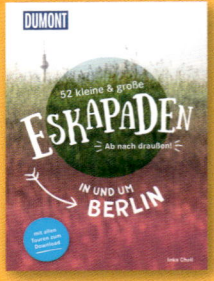

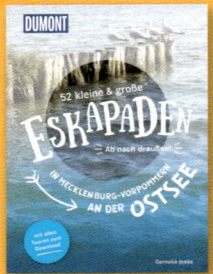

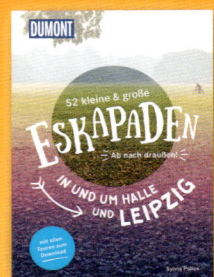

ISBN 978-3-7701-8080-6   ISBN 978-3-7701-8092-9   ISBN 978-3-7701-8074-5

... erhalten Sie im gut sortierten Buchhandel
und unter www.dumontreise.de

IMPRESSUM

Reihenkonzept Monique Sorban

Projektmanagement Svenja Heinle

Cover-/Buchgestaltung & Illustrationen Carolin Weidemann, Köln, www.weidemann-design.com

Layout & Satz Sieveking · Agentur für Kommunikation, München, www.sieveking-agentur.de

Lektorat Anne Köhler, Planegg

Texte & Fotos Sylvia Pollex und Thomas Rötting, Leipzig; mit folgenden Ausnahmen: Leonard Pollex (S. 68 r.); Andrea Capol (S. 102 o. und 123); Silke Wedler (S. 178 und 179); Kanuhof Wustrow (S. 181). S. 16 r., 96, 132, 185 l. und 189 o. mit freundlicher Genehmigung © Staatliche Schlösser, Gärten und Kunstsammlungen M-V

Kartografie © KOMPASS, Innsbruck, unter Verwendung von Kartendaten von OpenStreetMap, Lizenz CC-BY-SA 2.0

Printed in Poland

1. Auflage 2020
© 2020 DuMont Reiseverlag, Ostfildern
ISBN 978-3-7701-8084-4

www.dumontreise.de

MIX
Papier aus verantwortungsvollen Quellen
FSC® C018236

love
Freiheit.

Geschmacks-sachen

Topadressen sind die Alte Schule von Fürstenhagen, das Forsthaus Strehlitz, das Café im Gutshaus Pohnstorf (Eska-pade #51) und das im Kloster Malchow (Eskapade #27). In manchen Gegenden laden Schloss- und Gutsherren an ihre Tafel (Termine: www.auf-nach-mv.de/zu-tisch-bei-freunden). Nicht verpassen sollte man auch geräucherten Fisch di-rekt vom Fischer!

Weiterlesen

Der Tourismusverband stellt einige sehr informative und professionell gemachte Magazine und Broschü-ren kostenfrei zum Download oder als Postversand zur Verfügung (www.auf-nach-mv.de/prospekte). Für die Urlaubslektüre gibt es folgende Roman-empfehlungen: »Machandel« von Regina Scheer, »Restwärme« von Kerstin Preiwuß und »Irgendwann werden wir uns alles erzählen« von Daniel Krien.

GUT ZU WISSEN ...

Ohne Auto

In der Region ohne Auto unterwegs zu sein, ist nicht ganz einfach. Busverbin-dungen unbedingt vorab prüfen. Am besten über die Mobilitätszentrale der Mecklenburgischen Seenplatte (Tel. 0395 35176350) oder über die zustän-digen touristischen Regionalverbünde. Die Region um die Müritz ist vom Nah-verkehr recht gut erschlossen (www.mueritz-rundum.de). Zentrale Orte wie Waren, Neustrelitz, Mirow, Neubranden-burg, Güstrow und Schwerin erreicht man mit der Deutschen Bahn.

Sicherheit & Notfälle

Flache Landstriche sind perfekt zum Wandern und Radfahren. Beim Baden an unbewachten Badestellen ist Vorsicht geboten. Die Notruf-nummer lautet 112.

Vor Ort im Netz

Inspirierende Homepages sind die des Touris-musamtes (www.auf-nach-mv.de) sowie die des Regionalverbundes (www.mecklenburgische-seenplatte.de). Unverzichtbar ist die Website www.mueritz-nationalpark.de

ESKAPADEN-REGISTER ...

⋝ Alle Orte mit Seitenverweisen ⋜

SYLVIA POLLEX

THOMAS RÖTTING

⟩ ... über die Autorin und den Fotografen ⟨

Sylvia ist keine gebürtige Mecklenburgerin. Aber könnte sie sich eine Heimat aussuchen, wäre es dieser Landstrich mit den vielen Seen und dem weiten Himmel, wo man die Abendsonne bis zuletzt auskosten kann. Sie liebt die Unberührtheit der Natur und die Menschen. Als Fotoredakteurin ist sie es gewohnt, Geschichten zu erzählen. Sylvias Lebensgefährte Thomas und die beiden Kids waren oft mit auf Entdeckungsreise. So wurde die Familientauglichkeit der Touren gleich kompetent getestet.

Thomas liebt das Abenteuer und die sportliche Aktivität. Immer noch einen Schritt weiter für ein neues Erlebnis, ein gutes Foto oder eine bereichernde Bekanntschaft. Am Ende sieht man das in seinen Bildern. Als Sinologe und Fotograf ist er Mitherausgeber des Magazins der Konfuzius-Institute, welches spannende Reportagen aus China veröffentlicht. Die Welten, zwischen denen er pendelt, können verschiedener nicht sein. Genau das begeistert ihn.

Wellenreiten per E-Bike

Eskapade #51: Wenn die Landschaft der Mecklenburgischen Schweiz zeigen will, was eine Welle ist, sollte man das E-Bike dabeihaben. Damit wird jeder Hügel zum Vergnügen.

So laut, so schön

Eskapade #18: Ein Kranich kommt selten allein. Und tatsächlich sind es Hunderte, ja Tausende, die da im seichten Wasser des Rederangsees im Müritz-Nationalpark die Nacht verbracht haben. Wenn sich der Nebel lichtet, begrüßen sie mit ihren lauten, kehligen Rufen den Morgen.

5 BESONDERE EMPFEHLUNGEN ...

Feines fieses Flüsschen

Eskapade #28: Die Warnow ist die allermeiste Zeit ein braves Gewässer. Nur an einer Stelle legt sie den überraschten Paddlern Steine in den Weg, steigert ihre Fließgeschwindigkeit und kippt sogar Boote um!

Schaurige Geheimnisse

Eskapade #7: Unzerstörbar und mahnend stehen sie im Wald, die Testbunker Neu-Berlin. Sie zeugen von den fliegenden Geheimnissen der deutschen Wehrmacht im Zweiten Weltkrieg.

Türkisblauer Badespaß

Eskapade #10: Wenn es schon keine Sprungtürme gibt, muss man erfinderisch werden. Ein Glück, dass sich über dem Wasser am Schmalen Luzin die alten Buchen biegen. Raufgeklettert und hinein ins erfrischend Nass.